똘레랑스 프로젝트 1015
빅뱅과 거북이

OTHER
OTHERS
OTHERWISE

지은이_ 아나스타시야 고스쩨바야

모스크바 국립대학에서 물리학을 공부했고 장편소설 두 권을 썼습니다. 여행을 좋아하고 철학과 종교에 관심이 많아 인도, 네팔, 무스탕 등지를 여러 번 다녀왔습니다.

옮긴이_ 이경아

한국외국어대학교 러시아어과와 동 대학 통역번역대학원 한노과를 졸업했습니다. 현재 한국외대 통역번역대학원에서 강의하면서 전문 번역가로 활동하고 있습니다. 옮긴 책으로는 『나를 숲으로 초대한 새들』, 『행복(영국 BBC 다큐멘터리)』, 『이타카 에코빌리지』, 『죽기 전에 꼭 봐야 할 자연 절경 1001』, 『이즘과 올로지』 등이 있습니다.

빅뱅과 거북이 우주 탄생

지은이 아나스타시야 고스쩨바야 | **옮긴이** 이경아 | **처음 찍은날** 2009년 11월 20일 | **처음 펴낸날** 2009년 11월 27일 | **펴낸곳** 이론과실천 | **펴낸이** 김인미 | **등록** 제10-1291호 | **주소** (120-030) 서울시 서대문구 합동 116 SK리쳄블 611호 | **전화** 02-714-9800 | **팩시밀리** 02-702-6655

Большой взрыв и черепахи ⓒ 2006 by Anastasia Gosteva, Ludmila Ulitskaya
Illustrations ⓒ 2006 by Peter Perevezentsev
Published by arrangement with Elena Kostioukovitch International Literary Agency
Authors: Anastasia Gosteva and Ludmila Ulitskaya
Illustrator: Peter Perevezentsev

이 책의 한국어판 저작권은 PubHub 에이전시를 통한 저작권자와의 독점 계약으로 도서출판 이론과실천에 있습니다. 저작권법에 의해 한국 내에서 보호를 받는 저작물이므로 무단 전재와 무단 복제를 금합니다.

ISBN 978-89-313-8101-6 74190
　　　 978-89-313-8100-9(세트)

＊값 9,800원
＊잘못된 책은 바꾸어 드립니다.

똘레랑스 프로젝트 1015

빅뱅과 거북이

아나스타시야 고스쩨바야 지음 | 표트르 페레베젠쩨프 그림 | 이경아 옮김

1
우주 탄생

●○ 소개하는 글

이 세상에는 사람들이 서로를 이해하지 못하는 심각한 사태가 벌어지고 있습니다. 심지어 부모와 자식 간에도 말이죠. 그러니 이웃, 직장 동료, 이웃 도시의 주민이나 국적과 언어와 문화가 다른 사람들은 말해 무엇하겠습니까.

이렇게 상대방을 이해하지 못하다 보니 믿지 못하고 두려움을 느끼는가 하면 급기야는 증오하기도 합니다. 이런 상황에서 구체적인 '적'의 모습이 드러납니다. 어떤 이는 중국인을, 어떤 이는 유대인이나 이슬람교도를, 어떤 이는 흑인이나 백인을 자신의 적으로 굳게 믿어 버리는 겁니다. 이 적의 정체는 한마디로 나와 '다른' 사람입니다. 사람들의 이런 고질병은 어린 시절부터 시작되는 경우가 대부분입니다. 그러므로 편견과 선입관에 사로잡히지 않도록 어렸을 때부터 잘 가르쳐야 합니다.

이 병의 특효약은 한 가지뿐입니다. 나와 다르고 낯선 것, 그래서 도저히 이해할 수 없을 만한 것에 대해 알려 주고, 깨우쳐 주고, 이유 없이 적대적인 태도를 품지 않도록 돕는 것입니다. 무조건 하지 말라고 막는다고 해서 문제가 해결되지 않습니다. 단기간에 거둘 수 있는 성공이 아니라 장기적인 관점에서 교육자, 부모, 문화인류학자 등 온 세상의 다양하고 다채로운 문화를 알려 줄 수 있는 사람들이 노력해야 합니다.

이러한 인식을 바탕으로 바로 이 '똘레랑스 프로젝트 1015' 시리즈가 탄생했습니다. 러시아의 문학가 류드밀라 울리츠카야 선생님이 기획한 이 시리즈는 세계 각지의 문화를 들려줍니다. 가족은 어떻게 이루어질까. 문화마다 명절과 장례식은 어떻게 다를까. 다른 문화 사람들은 무엇을 먹고, 어떻게 입고, 아이들을 어떻게 가르치고 벌을 줄까. 왜 어떤 문화권에서는 예의 바르게 여겨지는 행동이 다른 문화권에서는 무례하기 짝이 없는 행동이 될까. 이런 흥미진진한 질문에 답을 들려줄 겁니다.

이 시리즈를 통해 여러분에게 전달하고 싶은 가장 중요한 사상은 모든 사람은 생물학적으로 동일한 종에 속한다는 사실입니다. 다시 말해 인간은 누구나 수긍할 수 있고 누구에게나 적용할 수 있는 보편적인 천성을 가지고 있습니다. 누구나 행복할 권리가 있습니다. 그러므로 행복하게 살 권리는 그 누구도 함부로 빼앗을 수 없습니다.

우리는 이 시리즈를 완성하기 위해 좋은 저자들을 모셨습니다. 문화인류학의 다양한 분야에서 활발하게 활동하는 전문가 선생님들입니다.

시리즈의 첫 번째 책인 『빅뱅과 거북이』를 쓴 아나스타시야 고스쩨바야 선생님은 물리학을 전공한 작가입니다. 이 책에는 이 세상이 창조된 대사건에 대해 고대의 여러 민족과 현대의 과학자들이 어떻게 생각하는지 잘 나와 있습니다.

두 번째 책 『내 가족과 다른 가족들』은 젊은 인류학자인 베라 티멘칙 선생님의 작품입니다. 공통점이 전혀 없는 두 가족이 만나 서로를 이해하게 되는 과정을 담고 있습니다.

다음에 나온 『저녁 식사로 떠나는 세계 여행』은 먹을 수 있는 것과 없는 것, 고대에서 지금까지 식생활이 발전해 온 과정, 음식과 관련한 인류의 금기 등을 다루고 있습니다. 이 책을 쓴 알렉산드라 그리고리예바 선생님은 음식 문화사의 전문가입니다.

네 번째 책은 『리본, 레이스, 그리고 우아한 신발』로, 라이사 키르사노바 선생님이 썼습니다. 옷으로 사회적 신분을 표현하던 옛날부터 몸에 편한 옷을 추구하는 현대에 이르기까지, 다양한 의복 문화를 들려줍니다.

인류의 위대한 비밀에 대한 책이 한 권 더 있습니다. 탄생과 죽음을 다

룬 다섯 번째 책 『어미 잃은 새끼 고양이들』이죠. 인간사에서 가장 중요한 이 두 사건은 문화권마다 축하하고 기념하는 방법이 다릅니다. 이 이야기는 인류학을 연구하는 마리나 부토프스카야 선생님이 들려줍니다.

여섯 번째로 『집의 정령들은 어디에』라는 책이 완성되었습니다. 『빅뱅과 거북이』를 쓴 아나스타시야 선생님의 두 번째 작품입니다. 이 책은 어느 민족이나 과거에는 집을 신성한 장소로 여겼지만 현대에 들어, 특히 대도시의 주민들이 이 가치를 잊고 살아간다는 이야기를 담고 있습니다.

일곱 번째 책은 『나는 잘못한 게 없어요!』입니다. 저자인 라리사 빈닉 선생님은 기자입니다. 라리사 선생님은 문화마다 죄와 벌에 대한 관념이 어떻게 다른지, 범죄자에 대한 형벌이 사형밖에 없던 과거부터 사형제를 폐지하는 나라가 점점 늘어나는 현대에 이르기까지, 사회가 점점 인간의 존엄성을 지키기 위해 변해 가는 모습을 잘 보여 주었습니다.

여덟 번째 책은 인권에 관한 근사한 책입니다. 『모두를 위한 인권선언문』을 쓴 안드레이 우사체프 선생님은 러시아에서 무척 유명한 동화 작가이자 시인입니다. 현실과 판박이처럼 닮은 짤막한 이야기들 속에 모든 사람의 권리와 의무에 대한 이야기를 재미있게 담았습니다.

인류학을 전공하는 나탈리야 보리소바 선생님은 『앞으로 커서 무엇이 될까』라는 흥미로운 작품을 완성해 주었습니다. 이 책을 읽으면 사람이 있는 한 결코 사라지지 않는 직업, 생긴 지 100년도 되지 않아서 사라지는 직업이 있다는 것을 알 수 있습니다. 존경 받는 직업과 천대 받는 직업이 있고, 같은 직업이라도 장소나 시대에 따라 그 위치가 완전히 뒤바뀌기도 합니다.

지금 소개한 아홉 권의 책 외에도 현재 일곱 권의 작품이 세상의 빛을 볼 준비를 하고 있습니다. 에이즈(AIDS), 명절, 장애인, 지구 탐험, 세계의 언어, 화폐, 침략과 분쟁과 화해에 관하여 흥미로운 이야기가 가득한 책들입니다.

'똘레랑스 프로젝트 1015' 시리즈는 러시아 UNESCO(유네스코)의 지원을 받아 제작되었습니다. 사람들 사이에 관용과 다양한 문화에 대한 이해의 폭을 넓히고, 자신과 다른 것은 무조건 미워하고 공격하는 현상을 사회가 그냥 보고만 있어서는 안 된다는 취지였습니다. 사람에게는 많은 결점이 있지만 그중에서도 무지는 고칠 수 있습니다. 책만 읽어도 무지에서 벗어날 수 있어요. 러시아 UNESCO는 시리즈의 여러 작품들을 써 준 선생님들에게 감사를 드리며 지금도 지원을 아끼지 않고 있습니다.

이 시리즈는 문화사와 민속학 분야의 흥미로운 자료들을 풍부하게 담고 있습니다. 초등학생뿐만 아니라 부모님도 재미있게 읽을 수 있습니다. 온 가족이 함께 읽으며 책의 주제에 대해 이야기를 나눠도 좋겠지요.

UNESCO는 교육, 과학, 문화와 커뮤니케이션 분야에서 진행하고 있는 국제 협력을 통해 인권과 인간적 가치, 다양한 문화와 여러 문화권의 교류·확대와 같은 가치들이 온 세상에 퍼져 나갈 수 있도록 노력을 기울이고 있습니다. 또한 사람들에게 21세기에 어울리는 새로운 휴머니즘을 실천하자고 호소하고 있습니다. 우리 아이들이 그 어느 때보다 자유롭고, 지혜롭고, 관용을 베풀 줄 아는 사람들이 되기를 진심으로 소망합니다.

— UNESCO 러시아연방 대표부 대표 **덴데프 바다르치**

● ○ 저자 소개

여러분, 아나스타시야 고스쩨바야 선생님을 소개합니다.

선생님은 좋은 책을 쓰는 작가예요. 장편소설 두 권을 썼는데, 무척 재미있어요. 작가가 되기 전에 모스크바 국립대학 물리학부에서 물리학을 공부했어요. 아나스타시야 선생님은 여행을 매우 좋아하는데, 특히 러시아의 동쪽에 있는 나라를 여행하는 걸 좋아해요. 그래서 인도에 여러 번 다녀왔고, 네팔도 여행했어요. 이 세상에 잘 알려지지 않은 무스탕이라는 나라에도 가 보고, 티베트의 승려인 라마를 만나 불교에 대한 이야기를 나누었어요. 나는 선생님에게 '우주 탄생'에 대한 책을 써 달라고 부탁을 했어요. 왜냐하면 선생님은 물리학자이기 때문에 세상의 탄생에 관한 과학이 무엇을 연구하는지 잘 알아요. 그리고 이 세상의 철학과 종교에도 관심이 많기 때문에 과학자들이 고개를 절레절레 흔들며 "그건 다 신화라고요. 전설일 뿐이에요. 다 지어낸 이야기란 말입니다!"라고 말하는 것들에 대해서도 잘 알거든요.

아나스타시야 선생님은 과학이 연구 중인 다양한 이론과 고대로부터 전해 오는 신화를 어떻게 조화를 시켜 좋은 글을 만들어 낼지 머리를 싸매고 고민을 했어요. 그 결과 이 과학과 종교가 절묘하게 어우러져 있는 무척 재미있고 환상적인 이야기가 탄생했답니다!

류드밀라 울리츠카야

| 차례 |

비밀의 방 13

드러난 교수님의 정체 22

하늘 세계의 탬버린 43

작전명 '후계자' 83

Тайная комната

비밀의 방

언덕 위에 집 한 채가

서 있어요. 울창한 숲에 가려 잘 보이지는 않지만, 붉은 지붕에 괴상하게 생긴 탑과 굴뚝이 달려 있는 커다란 3층 집이에요. 게다가 그 굴뚝에서는 수시로 연기가 모락모락 피어오르죠. 이 집의 정면을 잘 보려면 진입로인 오솔길에서 보아야만 해요. 그 길에 서면 울타리 너머에 서 있는 누르스름한 황토색의 건물 정면과 검은 창틀이 달린 창문들, 커다란 구식 가로등을 덮고 있는 작은 차양과 차고 문 윗부분까지 보여요. 정원의 나무는 대부분 푸른 잎을 벗어 버리고 눈옷으로 갈아입었어요. 그런데 어떤 나무들은 여전히 푸른 잎을 달고 있어요. 그러고 보니 정원의 풍경이 좀 이상해요. 왜냐하면 진짜 추위는 아직 오지 않았다 해도 이곳 파드모스코비예에서 12월 말에 볼 수 있는 풍경은 아니거든요.

   마을 사람들은 이 커다란 집에 괴상한 교수 할아버지가 산다고 알고 있어요. 사람들은 교수님이 사어(과거에는 쓰였지만 현재에는 쓰지 않게 된 언어나 단어)인지 살아 있는 파충류인지를 연구한다고 수군대요. 이웃에는 수위인 루스탐 씨가 살아요. 타지크족인 루스탐 씨는 어마어마하게 큰 독수리가 이 집 위를 빙빙 돌고 있었다고 동네 사람들에게 말했어요. 신을 걸고 맹세코 그런 독수리를 보았다고 말이죠. 하지만 사람들은 루스탐의 러시아어가 서툴다며 그 말을 통 믿지 않았어요. 소문에 따르면 교수님은 젊은 시절에 여러 나라를 여행했대요. 온 세상을 돌아다니면서 온갖 희한한 물건들을 수집했다고 해요. 가끔 그 집에는 외국 번호판을 단 승합차들이 와요. 차가 도착하면 알록달록한 작업복을 입은 인부들이 크고 작은 상자들을 차에서 내려요. 그 상자에 도대체 뭐가 있을까요? 그건 아무도 몰라요.

교수님은 마을에 거의 내려오지 않아요. 그래서인지 사람들이 북적이는 곳을 싫어한다는 소문도 있어요. 정원사―텃밭 협회 모임에는 아예 나오지도 않아요. 집안일을 해 주는 사람도, 정원사도 없어요. 도대체 그렇게 큰 집을 어떻게 할아버지 혼자서 돌볼까요? 게다가 정원은 또 얼마나 넓은지 몰라요. 사람들의 궁금증은 도무지 해결될 기미가 보이지 않았어요. 심지어 교수님의 생김새에 대해서도 의견이 분분해요. 어떤 사람은 교수님이 키가 크고 골격이 튼튼한 데다 대머리에 미국의 벌목꾼처럼 청바지에 격자무늬 셔츠를 입고 있다고 주장해요. 어떤 사람은 어디서나 볼 수 있는 책벌레처럼 생겼다는 정반대의 주장을 하죠. 중간 키에 배가 나왔으며, 집 안에서도 정장에 넥타이까지 매고 흰머리를 휘날리며 돌아다닌다고 말이에요.

지난여름 키릴은 친구들과 함께 비밀에 싸인 교수님의 정체를 파헤치기로 했어요. 아이들은 모든 것을 철저하게 준비했어요. 결정적인 순간에 휴대전화 벨 소리가 울리면 안 되니까 미리 소리가 나지 않게 바꿔 놓았어요. 아이들은 샌드위치와 음료수를 든든하게 챙긴 후 울타리에 바짝 붙어 몸을 숨겼어요. 심지어 쌍안경까지 준비했어요. 아이들은 저녁이 될 때까지 울타리 옆에서 잠복을 했어요. 하지만 아무 일도 일어나지 않았어요. 사실 일이 있기는 했어요. 미하가 감춰진 쪽문을 발견한 거예요. 쪽문은 산딸기와 엉겅퀴 덤불을 지나 그 집의 뒷문으로 곧장 이어졌어요. 그리고 렌카는 고사리 덤불 같은 풀 안에 공작새를 닮은 새가 한 마리 앉아 있다고 말했어요. 그 새는 깃털이 진한 푸른색인데, 그 깃털을 보다가 하마터면 눈이 멀 뻔했다고 말하는 게 아니겠어요. 아이들은 렌카가 근시인 데다 '해리 포터' 시리즈를 너무 많이 읽어서 헛것을 본 거라고 생각했어요.

그날 저녁이 아무런 보람 없이 지나간 후에도 아이들은 몇 번이나 정원으로 몰래 숨어 들어가려고 했어요. 하지만 그때마다 당장 집으로 가지 않으면 안 될 일이 생겨 발길을 돌려야만 했죠.

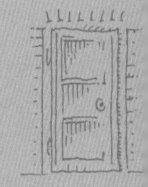

그리고 반년이 지난 지금, 키릴은 혼자서 그 집에 가 보기로 결심했어요. 겨울이 되면 이 마을에서는 할 일이 아무것도 없거든요. 친구들은 모두 부모님과 함께 명절 연휴를 보내기 위해 여행을 갔어요. 그런데 키릴의 엄마가 무슨 바람이 불었는지 다차(러시아인의 주말 별장. 별장이라고 해도 부자들의 화려하고 사치스러운 집이 아니라 러시아인이 통나무와 벽돌로 주말마다 직접 조금씩 짓는 집이에요. 곁에는 텃밭도 마련해서 감자 같은 작물을 직접 키워 먹어요.—옮긴이)가 있는 이 마을로 오자고 한 거예요.

"야자수 아래에서 새해를 맞는 것도 이제 지겨워. 온 세상이 눈과 전나무뿐인 곳에서 지내고 싶어. 스키도 마음껏 타고 말이야."

키릴의 엄마가 이렇게 말했어요.

그래 놓고서는 정작 스키는 몇 번 타지도 않았어요. 대신 하루 종일 컴퓨터 앞에 앉아 논문을 썼죠.

키릴은 혼자서 세계 여행을 해도 좋을 것 같았어요. 하지만 아쉽게도 겨우 열두 살인 키릴에게는 그럴 만한 돈이 없었어요.

그래서 키릴은 이렇게 허리까지 오는 눈밭을 헤치고 울타리를 지나 여름에 발견한 비밀 통로까지 온 거예요. 말이 쉽지 비밀 통로는 좀처럼 찾을 수가 없었어요. 온 세상이 눈밭이니 말이에요. 얼마나 시간이 지났을까 키릴은 고생 고생해서 문을 찾았어요. 설마 열릴까 하고 문을 슬쩍 밀어 봤어요. 그런데 이게 웬걸? 기름칠을 제대로 하지 않았는지 '삐걱' 하고 큰 소리를 내며 열리는 것이 아니겠어요? 키릴은 문이 닫히지 않도록 어깨로 밀면서 허리까지 쌓인 눈을 헤치며 안으로 들어갔어요.

정원은 버려진 것처럼 쓸쓸했어요. 나무들이 어찌나 따닥따닥 붙어 있는지, 어떤 곳에는 가지들이 엉켜서 빛조차 들어올 수 없는 장막을 이루고 있었어요. 정문 바로 옆에는 줄기에 옹이가 잔뜩 진 커다란 물푸레나무가 서 있었어요. 주변에는 자작나무, 떡갈나무, 전나무처럼 키릴이 잘 아는 나무도 있고 생전 처음 보는 나무도 있었어요. 외국에서 들여온 품종 같았어요. 나무 꼭대기에서 까마귀 한 마리가 '까악' 하고 울기 시작하자 근처 어디선가 젖소들이 '음

메' 하고 우는 소리가 들리는 것 같았어요. 그런데 깜짝 놀랄 일이 일어났어요. 뒷문이 살짝 열려 있는 거예요!

키릴이 두리번거리며 주변을 살폈지만 아무도 보이지 않았어요. 게다가 비밀 통로에서 뒷문까지는 몇 걸음만 폴짝 뛰면 될 것 같았어요. 그 문은 추위를 막으려고 설치한 바깥 현관의 문이었어요. 어둑어둑한 현관에는 문이 또 하나 있었어요. 그 문 뒤로 컴컴한 복도가 보였는데, 널찍한 모습이 꼭 박물관 같았어요. 벽에는 온갖 화병과 사람, 동물, 동화에나 나올 법한 괴상한 생물들의 조각상이 서 있었어요. 그뿐이 아니에요. 벽에는 책과 이상한 물건이 잔뜩 늘어선 선반도 붙어 있었어요. 키릴은 선반의 물건들이 뭔지 이름도 알 수 없었어요. 그중에는 글자가 새겨진 흙 판도 있었는데, 분명히 러시아어는 아니었어요. 상형문자나 쐐기문자 아니면 무엇을 상징하는 것 같았어요.

키릴은 갑자기 손을 뻗었어요. 바로 앞에 유난히 마음에 드는 탈이 있어서 한번 만져 보고 싶었거든요. 아프리카인의 두툼한 입술이 도드라진 붉은색과 주황색으로 이루어진 가면이었어요. 그런데 이상하게도 아무리 손을 뻗어도 만질 수가 없는 거예요. 가면 바로 앞에 보이지 않는 가로막이 쳐진 것 같았어요. 주위를 둘러보던 키릴이 갑자기 뒤로 풀쩍 물러났어요. 왜냐하면 벽이 말 그대로 스스로 빛을 내고 있는 거예요. 벽의 내부에서 부드러운 빛이 희미하게 새어 나오고 있는 것 같았어요. 바로 그때였어요. 날개가 퍼덕이는 소리가 나는가 싶더니 커다란 흰올빼미가 천천히 날갯짓을 하며

'우우' 하고 울고는 키릴을 스치듯 지나가 벽에 난 틈으로 쏙 들어갔어요. 순간적으로 키릴은 계속 가도 될지 망설였어요. 하지만 시시하게 흰올빼미 한 마리 때문에 줄행랑을 치면 친구들의 비웃음을 살 것 같았어요.

복도를 따라가니 커다란 방이 나왔어요. 방이 어찌나 휑한지 소리가 '윙' 하고 울릴 정도였죠. 그곳은 창문은 없고 벽난로가 있었는데, 온통 어둑어둑해서 까마득한 천장은 잘 보이지도 않았어요. 벽에는 2층 높이 정도 되는 곳에 발코니가 달려 있고 아래에는 나무 사다리가 놓여 있었어요. 이 커다란 방도 복도처럼 책장과 조각상이 즐비했고 벽에는 육중한 금박 액자들이 걸려 있었어요. 액자 속 그림은 도식 같기도 한, 형형색색의 작은 깃발들이 꽂혀 있는 카드들이었어요. 이곳에는 사방에 문이 있었어요. 키릴이 첫 번째 문을 열었더니, 그곳은 서재였어요.

두 번째 문을 열었더니 넓은 집무실이 나왔어요. 녹색 천이 깔린 육중한 떡갈나무 책상에는 평면 모니터가 연결된 노트북, 서류가 잔뜩 끼워져 있는 서류철들, 계산기가 놓여 있었어요. 벽 쪽으로는 가죽 소파, 안락의자 두 개, 커피 탁자가 늘어서 있었어요. 정원으로 난 창문으로 진입로와 대문 앞에 버티고 서 있는 커다란 물푸레나무가 보였어요. 나뭇가지 사이에 사슴 한 마리가 서 있는 것 같았어요. 하지만 키릴이 눈을 감았다가 다시 보자 그곳에는 아무것도 없었어요. '헛것을 봤나 봐.' 키릴은 이렇게 마음대로 생각해 버렸어요.

유리장의 선반에도 복도처럼 청동과 돌과 나무로 만든 작은 모형들이 진열되어 있었어요. 동그란 점토 항아리 두 개에는 괴상한 나선무늬가 새겨져 있었어요. 하나는 구리로 하나는 백금으로 만들어져 있었죠. 갖가지 크기의 달걀 공예품이 셀 수도 없이 많았어요. 벽에는 원 모양의 그림이 걸려 있었어요. 검은색 물방울과 하얀색 물방울이 서로 얽히며 꼬리를 물고 있는 것 같은 형상이었죠. 또 두 물방울의 중심에는 작은 원이 그려져 있었어요. 검은색 물방울엔 하얀색 원이, 하얀색 물방울엔 검은색 원이. 불빛이 대낮처럼 환한 작은 사육장에는 거대한 거북이가 몸을 덥히고 있었어요. 그리고 구석에 서 있는 키 작은 책장에는 선글라스 유리 같은 재료로 만든 커다란 큐브가 반짝이고 있었어요. 석탄처럼 새까만 큐브의 중심에는 몇 백만 개는 될 것 같은 조그만 불꽃이 폭발하고 소용돌이치며 요동을 치고 있었죠. 들여다보면 볼수록 그 불꽃들이 매듭을 이루는 것처럼 보였어요. 그런데 위에서 뭔가가 툭 떨어지는 거예요!

고개를 든 키릴은 너무 놀라 그대로 얼어붙고 말았어요. 머리 바로 위에 몸통 지름이 30센티미터는 되어 보이는 거대한 거미가 매달려 있는 거예요. 그것도 손을 뻗으면 닿을 거리에 말이에요. 굵은 다리는 털이 북슬북슬하고 피부는 반지르르 윤이 났어요. 검은 두 눈이 불청객을 똑바로 노려보고 있었죠. 키릴은 심장이 터질 듯이 뛰기 시작했어요. 뒷걸음을 치다가 뭔가에 발이 걸렸는데 귀가 먹을 정도로 큰 '쿵' 하는 소리가 나는 게 아니겠어요. 뒤를 돌아보니 화분이 산산조각이 나 가죽처럼 두꺼운 이파리가 잔뜩 달린 무화과

나무가 바닥에 쏟아져 있었어요. 거미는 신이 난 듯 거미줄을 타고 점점 내려왔어요. 키릴은 이 털북숭이 짐승이 뭔가 사악한 꿍꿍이를 가지고 자신에게 다가오는 것 같았어요. 키릴은 두 번 생각할 것도 없이 있는 힘껏 복도를 내달려 문을 향해 달려갔어요. 그러다가 이번에는 구석에 있는 책장들을 건드려 하마터면 공작새 깃털이 꽂혀 있는 중국 화병까지 쓰러뜨릴 뻔했어요.

키릴은 울타리를 훌쩍 뛰어넘은 다음 팽이처럼 언덕을 구르다시피 내려가 집으로 쏜살같이 달려갔어요. 현관에 도착하자 그제야 발걸음을 멈추고 숨을 고르기 시작했어요. 그러면서 뒤를 돌아보았는데, 언덕 위에 있는 집 바로 위의 하늘이 두 쪽으로 쩍 갈라지며 벼락이 여러 차례 내리는 것이 아니겠어요. 적어도 키릴의 눈에는 그렇게 보였어요.

키릴은 그날 집에서 단 한 걸음도 나오지 않았어요. 왠지 마음이 편하지 않았어요. 나쁜 일을 저질렀다는 생각이 머릿속을 떠나지 않았어요. 도둑처럼 남의 집에 몰래 들어간 것도 모자라서 사고를 치고 냅다 도망치기까지 했잖아요. 그날 저녁 키릴은 양심의 가책으로 괴로워했어요. 그리고 자기 전에 내일 반드시 그 집을 다시 찾아가 모든 일을 고백하고 어찌 된 일인지 해명도 하겠다고 다짐을 했어요. 키릴의 엄마 마리나는 어릴 때부터 키릴에게 이렇게 가르쳤어요. 첫째, 사람이라면 반드시 자신의 행동에 책임을 져야 한다. 둘째, 실수를 저지르더라도 제때에 실수를 인정하면 마음이 훨씬 가벼워진다.

드러난 교수님의 정체
Господин Координатор

다음 날 아침 키릴은 아침 일찍 잠에서 깼어요. 겨울 햇살이 방 안을 환하게 비추고 있었어요. 고양이 에스프레소가 컴퓨터 모니터 위에 축 늘어져 있었어요. 녀석은 눈도 깜박하지 않고 모니터의 한 점을 뚫어져라 노려보고 있었어요. 그 모습은 얼마 전 키릴이 텔레비전에서 본 티베트의 승려가 꼼짝도 하지 않고 명상하는 모습 같았어요. 오히려 승려를 뛰어넘는 것 같았죠. 집에는 마리나도, 그녀의 스키도 보이지 않았어요.

키릴은 지난밤 쉴 새 없이 악몽에 시달렸어요. 어떤 꿈에서는 소설 『반지의 제왕』에서 프로도가 거미 괴물 때문에 고생한 것처럼 키릴도 끈적거리는 독 거미줄에 팔과 다리가 들러붙은 채 버둥거리고 있었어요. 또 다른 악몽에서는 도끼를 휘두르는 흉포한 난쟁이들에게 쫓겨 끝도 없이 이어진 복도를 죽어라 달리고 있었어요. 난쟁이를 피해 막 도망치려는 찰나 이번에는 구석에서 거대한 까마귀가 날아와 키릴의 정수리를 콕콕 쪼지 뭐예요.

키릴은 우유를 한 잔 들고 텔레비전을 켰어요. 베이징 덕이라는 중국식 오리 구이를 만드는 요리 프로그램을 보고 있었죠. 그때, 갑자기 정규 방송이 중단되고 속보를 알리는 자막이 뜨는 거예요. 앵커가 어두운 목소리로 소식을 전했어요.

"정규 방송을 잠시 중단하고 속보를 전하겠습니다. 모스크바 시간으로 오늘 새벽 3시 58분에 발생한 강력한 지진으로 수천 명이 사망했습니다. 진원지는 인도네시아 수마트라 섬의 북부로 알려졌습니다. 여러 소식통에 따르면 이번 지진의 강도는 리히터 지진계로 8.7을 기록했다고 합니다. 이번 지진으로 인도네시아, 스리랑카, 태국, 방글라데시, 인도와 몰디브 제도가 피해를 입었습니다. 지진으로 발생한 쓰나미로 해안 지역 여러 곳이 거대한 파도에 휩쓸려 침수 피해를 입었습니다. 수천 명의 사망자가 발생하고 수만 명이 부상을 입은 것으로 추정되고 있습니다. 이번 참사로 삶의 터전을 잃은 사람들은……."

"말도 안 돼! 수마트라 섬에 정말 가 보고 싶었는데."

키릴이 중얼거리며 텔레비전을 끄고 옷을 갈아입은 후 언덕 위

의 집으로 향했어요. 키릴은 비장한 각오라도 한 사람처럼 보였어요. 그 집에 도착했지만 선뜻 대문으로 들어가지는 못하고 종종걸음으로 한참이나 집 주변을 서성거렸어요. 마침내 키릴은 심호흡을 크게 한 후 정면으로 난 좁은 오솔길을 따라 집으로 다가갔어요. 괜히 가다가 마음이 바뀌지 않도록 재빨리 걸어 초인종을 눌렀어요. 1분쯤 지났을까요? 집에서는 아무도 나오지 않았어요. 키릴은 은근히 마음이 놓였어요. 그냥 집으로 가야겠다고 생각할 즈음 문이 스르르 열렸어요. 마치 바람에 문이 저절로 열린 것처럼 말이에요. 문이 열리자 어제 본 흰올빼미가 날아 나왔는데, 마치 키릴에게 들어오라고 손짓을 하는 것 같았어요.

집무실의 문이 조금 열려 있었어요. 문 뒤에서 큰 소리로 떠드는 소리가 들렸어요. 흡사 욕을 하는 것도 같았어요. 한 사람은 목소리로 보아 성인 남성인 것 같았어요. 그런데 다른 목소리는 발음이 똑똑하지도 않고 마구 갈라지는 것이 사람이 아닌 것 같았어요.

그 때였어요. 사람이 아닌 듯한 목소리가 말했어요.

"내가 말했잖아. 아이들 짓이라고. 어제 이웃에 사는 꼬마 녀석이 하루 종일 집 주위에서 서성거리더니 울타리를 따라 뛰어다니지를 않나 집에서 뛰어다니지를 않나. 산란하는 용을 하마터면 깔아뭉갤 뻔했어. 진작 감시 카메라를 달았어야 했는데, 넌 항상 돈을 아끼려고만 들어. 그렇게 돈을 아끼다가 무슨 변이 일어났는지 봐! 감독위원회에 가서 뭐라고 해명할 생각이야?"

"어이구, 그 입 좀 다물어. 너 아니라도 골치 아파 죽겠다. 여기에 카메라를 달고 전자 감시망을 설치해 봐. 꼬맹이들이 지금보다 세 배나 더 몰려올 거야. 그 생각은 왜 못해? 게다가 그렇게 되면 해커 짓까지 하는 애들도 나올 거야. 그런 녀석들은 뭘 해도 막을 수 없어. 절대 들어가면 안 되는 곳을 어떻게든 부수고 들어가려고 할 테니까."

"허튼소리! 해커는 진짜 문을 부수지 않아! 아무리 봐도 너는 세상을 너무 몰라. 아이들은 누구나 기적이라면 사족을 못 쓴단 말이야!"

"요즘 아이들은 기적을 믿지 않아. 배트맨이나 초능력 가족이라면 모를까. 아이들에게 성경에 나오는 '불타는 나무'를 보여 줘 봐. 끝내 주는 특수 효과를 봤다고 좋아할걸. 이 집을 온통 최신 기술로 도배를 해 봐. 그러면 아이들이 이곳에 꾸역꾸역 모여들 테니까."

"왜 그렇게 생각하는 거야? 1975년에 우리를 찾아왔던 그 영국 소녀를 기억해? 치아 교정기 때문에 내내 징징거렸잖아. 우리 집에 딱 한 번 오더니 나중에 커서 유명한 작가가 되었지. 안경 쓴 꼬마에 관한 이야기로 말이야. 뭐, 진지한 이야기는 아니더군."

"그래. 나도 그 '해리 포터'라는 시시한 소설을 읽어 봤어. 처음부터 끝까지 온통 지어낸 이야기더라. 진실은 하나도 없었어. 게다가 우리 흰올빼미 울리야나를 우체부로 바꿔 놓기까지. 우리가 뭐든 다 보여 주고 설명해 줬으니 훌륭한 학자가 될 거라고 생각했는데……."

그 때, 키릴이 문을 살짝 밀면서 집무실로 들어갔어요. 책상에는 나이 든 남자가 양손에 턱을 괸 채 앉아 있었어요. 이 집에 산다는 교수님인 것 같았어요. 그런데 어깨가 넓고 검게 탄 피부 때문인지 교수님이 아니라 먼 바다를 항해하는 선장님처럼 보였어요. 그 사람은 올리브색의 벨벳 바지와 늘어진 스웨터를 입고 있었죠. 평면 모니터 위에는 새까만 까마귀가 모니터를 횃대 삼아 앉아 있었어요.

키릴이 엉겁결에 인사를 했어요.

"안녕하세요. 저는 그러니까 어제 우연히, 아니, 간단히 말해서 고의는 아니었어요. 그런데……."

어제저녁에 열심히 준비했던 말들이 하나도 생각나지 않았어요.

키릴을 본 까마귀가 의기양양하게 소리를 쳤어요.

"내가 말했잖아! 인간 어린이한테서 무슨 좋은 꼴을 기대하겠어! 저 녀석이 누누사쿠를 넘어뜨렸다고! 다 저 녀석 잘못이야. 그러니까 저 녀석보고 위원회에 가서 혼 좀 나라고 해!"

교수님이 키릴을 물끄러미 바라보았어요. 키릴은 그 자리에 못이 박힌 듯 얼어붙고 말았어요.

"어린 친구, 이름이 뭐지?"

교수님이 물었어요.

"키릴입니다."

"나는 사마일 게오르기예비치라고 해. 서로 인사나 하자꾸나. 이 친구는 이옐이야."

사마일 교수님은 까마귀를 향해 고갯짓을 하며 소개를 했어요.

"뉴스 속보 봤니, 키릴?"

키릴이 고개를 끄덕였어요.

"그럼 쓰나미가 뭔지 아니? 그 쓰나미는 말이야 네가 어제 세계수를 넘어뜨리는 바람에 일어났단다."

"아니에요. 세계수라뇨. 그건 제가 아니에요. 제가 넘어뜨린 건 무화과나무예요. 그 나무는 다른 사람이……."

키릴이 작은 소리로 말했어요.

"네가 말하는 그 무화과나무가 바로 세계수야. 누누사쿠라고 하지. 이 나무에서 동인도네시아 사람들의 선조가 태어났단다."

"사마일, 네가 저 녀석에게 설명 좀 해 줘. 인간 어린이들은 멍청해서 아무것도 몰라."

또다시 이옐이 끼어들었어요. 교수님은 아무 말도 하지 않았어요.

"그 많은 이야기를 단번에 설명할 수는 없어. 미안한데, 울리야 나에게 차를 좀 가지고 오라고 해."

사마일 교수님의 말에 이옐이 문으로 날아갔어요.

"혹시 허브티에 꿀을 넣니? 차나 마시면서 이야기를 하도록 하자꾸나. 그리고 감독위원회에 뭐라고 이야기할지도 생각해 보고."

"거미 때문에 깜짝 놀랐어요. 거미가 절 공격하려고 했거든요."

키릴은 이렇게 말하면서 지난번 그 괴물이 붙어 있던 거미줄이 쳐진 구석을 곁눈질했어요. 그 말에 교수님이 껄껄 웃었어요.

"아난시가? 널 공격하려고 했다고? 그 녀석은 파리도 못 죽여. 아니야, 파리는 먹을지도 모르겠군. 아난시는 너와 인사를 하고 싶었을 뿐이야. 아마 네가 지레 겁을 먹고 아난시를 나쁘게만 생각한 모양이구나. 우리가 일으키는 문제의 반은 잘 모르거나 낯선 것을 대할 때 더럭 겁부터 먹기 때문에 생기는 거란다. 그런 문제는 어떤 것들이 있을까. 만약 사람들이 새롭고 익숙하지 않은 것을 보고 조금만 덜 겁을 냈다면 얼마나 많은 전쟁과 불행한 사태를 막을 수 있었을까?"

"아난시라고요? 동화에 나오는 거미요?"

키릴이 놀라서 묻자 사마일 교수님이 빙그레 웃으며 말했어요.

"음. 그래, 동화에 나오는 거미라고도 할 수 있지. 하지만 동화책에서는 많은 내용을 바꾸고 단순하게 만들어 버렸어. 우리 아난시는 그냥 거미가 아니야. 아샨티 부족이 숭배하는 최고신 니야메가 아난시라는 존재로 나타난 거야. 니야메는 이 세계의 거미줄을 짜서 그 중심에 앉아 가장 미세한 진동까지 감지한단다. 아샨티족은 아프리카 가나에 살아. 이 부족의 신앙에 의하면 아난시는 이 세상에서 가장 나이가 많은 존재야. 영리하면서 교활하고 어떤 논쟁에서도 절대 지는 법이 없지. 숲에서 아난시를 따라올 자는 아무도 없어. 가끔 아난시를 니야메의 아들이라고도 해."

교수님의 설명을 들은 키릴은 심각한 표정이 되어 물었어요.

"도무지 모르겠어요. 지금 제게 동화 속 주인공을 말씀해 주시고 있잖아요. 그런데 어떻게 그 거미가 저 구석에 앉아 있을 수 있죠? 그리고 세계수라는 건 또 뭐에요?"

사마일 교수님이 고개를 끄덕이며 말했어요.

"좋은 질문이구나. 키릴, 내 말을 잘 들어 보렴. 사람들은 어느 시대에나 별이 빛나는 밤하늘을 보면서 이런 의문에 빠져들었단다. 이 세상은 누가 창조했을까? 다시 말해, 다른 신성한 것도 많은데 하필이면 왜 이 세상을 만들었을까? 이 땅과 하늘이 생기기 전에는 무엇이 있었을까? 최초의 신들은 어디서 나타났을까? 그 신들은 왜 최초의 사람들이 필요했을까? 이런 의문을 품은 사람들은 이 우주를 관장하는 법칙을 밝혀내기 위해서 연구하고 또 연구했어. 어떤 이는 미래나 하늘의 별이나 신의 행동을 미리 예측하려고 연구를 했고, 어떤 이는 강의 범람이나 가뭄이나 일식과 월식 같은 자연현상을 예측하는 법을 알아내기 위해서 연구를 했단다.

● 빅뱅 이론

1929년까지만 해도 천문학자와 물리학자는 불교도나 아리스토텔레스와 마찬가지로 우주가 과거에도 존재했고 앞으로도 계속 존재할 것이라고 믿었어요. 그런데 그 무렵 미국의 천문학자인 에드윈 허블이 우주에 있는 은하들 대부분이 은하수에서 멀어지고 있다는 사실을 발견했어요. 그런데 은하가 멀어지는 모습을 잘 관찰해 보니 어느 방향으로 멀어지든지 그 멀어지는 형태가 질서 정연하고 동일한 거예요. 이렇게 자꾸만 은하수에서 멀어지는 은하들의 과거를 밝혀내고 싶었던 허블은 연구를 거듭해 마침내 빅뱅 이론(대폭발이론)을 발표했어요. "150억 년 전, 모든 은하는 무한한 우주 공간 속의 작은 점—지름이 1000분의 1센티미터안—에 압축되어 있었다." 그 다음 순간 폭발이 일어났어요. 그러자 우주가 어마어마한 속도로 팽창하기 시작했어요. 눈을 깜짝하지도 못하는 매우 짧은 시간 동안 우주는 원자핵만 한 크기에서 오렌지만큼 커졌어요. 어떻게 이런 일이 일어났을까요? 그건 아직 아무도 몰라요.

고대인은 세상의 창조에 관한 신화인 우주 탄생 신화를 지어낼 때 대개는 주변에서 흔히 볼 수 있는 사물을 참고로 했단다. 예를 들어 볼까. 유럽의 북쪽, 그러니까 지금의 스칸디나비아 반도에 살았던 바이킹은 얼음 거인이 이 세상을 만들었다고 믿었어. 고대 이집트인은 이 세상이 사막에 둘러싸인 풍요로운 계곡일 거라고 생각했단다. 나일 계곡처럼 말이야. 아프리카 베냉 공화국에 사는 폰족은 이 세상을 만든 창조주가 '아이도—흐베도'라는 우주 뱀의 입을 타고 왔다고 하지. 바로 이 우주 뱀이 세상에 최초의 남자와 여자를 데려왔다는 거야. 일본의 아이누족은 태초에는 아무런 생명체도 살지 않는 늪이 있었다고 생각해. 그런데 최고신인 카무이가 할미새에게 땅을 만들라고 명령을 했지. 놀란 할미새는 꽁지로 늪을 마구 내리치기 시작했는데, 그러자 얼마 후 땅이 생겼다는 거야. 사막에서 거미를 자주 봤던 아샨티족은 이 세상을 창조한 신이 당연히 거미일 거라고 믿었고."

키릴이 사방을 둘러보며 말했어요.

"그래서 집에 이 세상을 창조한 물건들로 박물관을 만드신 거예요?"

사마일 교수님은 고개를 저었어요. 구석에서 아난시가 시끄러운 소리를 내며 몸을 뒤틀었어요.

"아니야. 여기는 박물관이 아니란다. 여기는 일종의 비행 관제 센터 같은 곳이야. 나는 행성의 조정자지. 지구의 균형을 유지하는 일을 하고 있어. 왜 이런 일을 하냐면, 예전에는 사람들이 서로 뚝뚝 떨어져서 교류를 하지 않은 채 살았어. 그래서 여러 민족이 믿는 신들이 서로 충돌하는 경우가 거의 없었어. 누구는 세상이 알에서 나왔다고 하고 또 누구는 까마귀의 배설물에서 나왔다고 해도 서로 문제가 될 일이 없었던 거야. 그런데 시간이 흐르면서 이 세계는 지구촌이 되어 갔어. 아프리카 사람, 베트남 사람, 북극의 원주민들이 커다란 대도시에서 앞집이나 옆집에 이웃으로 함께 살게 된 거야. 하지만 사람들은 저마다 예부터 모셔 온 신들을 여전히 믿고 있고. 그래서 나는 사람들이 다른 것을 믿는다는 이유로 서로 충돌하거나 재앙을 일으키지 않도록 이렇게 감독하지. 가끔은 참 힘들 때도 있어. 우리 집이 버려진 박물관처럼 곰팡내가 나고 조용해 보이지만 실은 겉모습만 그럴 뿐이란다. 가령, 이 항아리들을 보렴."

교수님이 선반으로 다가가 이상하게 생긴 항아리 하나를 조심스럽게 쓰다듬기 시작했어요.

"아프리카에는 도곤족이라는 부족이 살아. 이 도곤족은 '암마'라는 신이 태초에 이 항아리들을 만들었다고 믿어. 이 항아리에 그려진 붉은 나선들이 보이지? 이건 흑인들을 수호해 주는 태양이야. 흰 나선은 백인을 보호하는 달이고. 그래서 이 항아리들을 깨트리면 이 세상에 종말이 찾아와."

바로 그때였어요. 울리야나와 이엘이 부리로 커다란 식탁보를 물고 집무실로 날아 들어왔어요. 울리야나와 이엘은 커피 탁자를 식탁보로 덮었어요. 그런데 식탁보를 펼치자마자 그 위에는 찻잔 세트, 꿀과 잼 그릇, 사탕과 과자가 하나씩 나타나지 않겠어요? 이엘은 이번에는 모니터 앞에 자리를 잡았어요. 그리고 고개를 갸우뚱한 채 키릴을 바라보았어요. 한편 울리야나는 안락의자 등받이에 앉아 눈을 반쯤 감은 채 꼼짝도 하지 않았어요.

"그렇다면 교수님은 이 세상이 정말 어떻게 만들어졌는지 다 아신다는 거예요?"

"음, 첫째, 실제로 어떤 일이 있었는지는 아무도 모른단다. 하지만 나는 네안데르탈인부터, 고대 그리스와 이집트인을 지나 알래스카의 이누이트족, 아프리카의 도곤족, 너의 조상인 슬라브족에 이르기까지 다양한 시대의 다양한 민족들이 믿었던 세계 탄생 신화에 대해서는 잘 알고 있어. 그런데 이와 똑같은 의문을 과학자들도 연구하고 있지. 내 임무는 누구의 신화나 믿음이 옳은지 판단하는 게 아니야. 이 세상의 평화와 균형을 유지하는 거지."

"그럼 이 세상에 있는 민족의 수만큼 세상의 탄생에 관한 이야기가 있다는 건가요?"

키릴이 깜짝 놀라 물었어요. 매우 향이 좋은 차를 마시고 과자를 먹으니 키릴은 마음이 훨씬 편해졌어요.

"음, 진짜 놀라운 이야기는 지금부터야. 그 이야기들은 저마다 독창적이야. 그런데 그런 신화들이 생겨날 시대에는 여러 민족들이 절대 교류를 할 수 없었을 텐데도, 탄생 신화들을 잘 들여다보면 서로 비슷한 점이 있단다. 가령, 인도인, 중국인 그리고 핀란드인은 이 세상이 알에서 나왔다고 생각했어. 반면 일본, 메소포타미아, 라틴아메리카 사람들은 태초에는 한없이 넓은 호수밖에 없었다고 믿었어. 바이킹은 바닥을 알 수 없는 얼음 바다가 끝도 없이 펼쳐져 있었다고 생각했어. 이들과 시간적으로나 공간적으로나 멀고도 멀리 떨어진 고대 그리스인은 이 세상이 '카오스(혼돈)' 속에서 창조되었다고 믿었어.

아참, 누누사쿠에 대해서 물었지? 세계수 즉, 세상의 중심에 대한 신화가 무척 많이 있어. 민족마다 이 나무를 부르는 이름은 약간씩 다르단다. '생명의 나무', '다산의 나무', '중심의 나무', '떠오르는 나무', '하늘 나무', '우주 나무', '신비의 나무' 등 다양하지. 에덴의 동산에 있었다는 선악과는 알고 있니? 한마디로 이 나무도 세계수의 하나라고 할 수 있어. 뿌리는 땅속으로 깊이 내리고 가지는 하늘로 뻗는 평범한 나무들처럼 세계수도 세 가지 세상을 연결해 줘. 지하 세계, 인간 세계, 하늘 세계. 집에 집을 지탱하는 벽이 있듯이 이 나무는 우주를 지탱하는 기둥 같은 거란다. 나무에 무슨 일이 생기면 이 세상도 무너지고 말지.

민족마다 세계수도 다 달라. 저 창밖을 보렴. 거대한 물푸레나무가 보이니? 이 나무는 이그드라실이야. 바이킹이 숭배한 신성한 나무지. 나무의 꼭대기에는 현명한 독수리가, 나무의 큰 가지에는 베드르폴니르라는 이름의 매가, 나무의 뿌리에는 용 니드호그가 뱀과 함께 뿌리를 갉아먹고 있어."

"그런데 그 동물들이 사이좋게 살고 있나요?"

키릴은 이렇게 물으면서 속으로는 루스탐 아저씨를 찾아가 정말 독수리가 있다고 말해야 할지 고민했어요.

교수님이 한숨을 푹 쉬었어요.

"비록 용과 독수리가 늘 싸우지만 용은 아래에 있고 독수리는 위에 있잖니. 그래서 용과 독수리가 주고받는 말은 다람쥐인 라타토스크가 줄기를 오르내리며 전해 줘. 만약 이그드라실과 이 나무에 사는 동물들에게 무슨 일이 생기면 스칸디나비아 지역에는 재앙이 발생해. 그리고 저기, 언덕배기에 늙고 커다란 자작나무가 있지? 저

나무는 알 루크 마스인데, 시베리아에 사는 야쿠트족이 신성하게 모시는 나무야. 야쿠트족은 알 루크 마스가 사람과 동물을 보호하는 불멸의 식물이라고 믿는단다. 알 루크 마스에는 그 지역을 다스리는 정령과 정령의 아이들이 살고 있지."

"그런데 왜 저 나무에는 헝겊이랑 끈을 잔뜩 묶어 놓으신 거에요?"

키릴은 알 루크 마스를 유심히 살폈어요.

"그건 정령에게 바치는 선물이야. 이 정원에서 살고 있는 나무와 덤불과 꽃들은 모두 저마다 중요한 구실을 하고 있어. 세계 각지의 민족이나 주민 들을 수호하는 일을 하지. 우리 집 온실을 보여 줄 테니 따라오렴."

두 사람은 아까 지나온 커다란 방으로 나갔어요. 2층으로 올라가 발코니를 지나 교수님이 너무나 평범하게 생긴 문을 열었어요. 그 안을 들여다본 순간 키릴은 숨을 헉 하고 들이쉬었어요. 교수님과 함께 서 있는 그곳은 진짜 열대 정글 한가운데가 분명해 보였거든요. 시냇물이 졸졸 흐르고, 물방울이 똑똑 떨어지고, 어디선가 매콤하면서 향긋하고 무언가 썩는 냄새가 뒤섞여 솔솔 풍겼어요. 여기저기서 개골개골하고, 쿵 하고, 새들이 유쾌하게 지저귀는 소리도 들려왔어요. 사다리는 나뭇잎이 수북하게 쌓인 땅으로 내려져 있었어요.

"이제 너도 좀 알겠지? 나무의 각 부분은 동물, 신, 신화의 인물들 같은 다양한 존재와 연결되어 있단다. 세계수의 제일 윗부분인

나뭇가지는 전통적으로 새들과 관련이 있어. 줄기는 사슴, 순록, 소, 말, 영양처럼 발굽이 있는 동물들과, 줄기 중에서도 그루터기 가까운 아랫부분은 사람들과 관계되어 있어. 뿌리는 뱀, 개구리, 쥐, 비버, 수달, 물고기와 환상의 생물들과 연결되어 있단다. 예를 들어 인도유럽어족을 사용하는 지역의 신화들을 살펴보면 똑같은 주제가 반복해서 등장해. 나무 꼭대기에 사는 천둥의 신이 나무뿌리에 사는 뱀과 싸워 이겨서 뱀이 사람들에게서 빼앗은 가축이나 재산을 돌려준다는 거야. 매의 머리 모양을 한 이집트의 태양신인 '라'는 무화과나무 아래 사는 뱀을 죽이는데, 방금 전 이야기와 같은 경우지. 세계수에 사는 나쁜 용에게서 탈출하는 옛 이야기의 영웅들도 독수리가 도움을 준다고 해."

"『반지의 제왕』에 나오는 마법사 간달프도 독수리들이 구해 줬잖아요. 그거랑 똑같네요?"

키릴이 책의 내용을 떠올리며 말했어요.

두 사람은 아래로 내려가 수많은 나무 중 한 그루에 다가갔어요. 사방으로 뻗은 가지에 길쭉하게 생긴 초록 잎사귀가 잔뜩 달린 나무였어요.

"이 나무는 복숭아나무인데, '반도'라고 하는 고대 중국의 세계수야. 중국 각지의 산과 바다의 풍물을 담고 있는 『산해경』이라는 책에도 도삭산에 있는 거대한 복숭아나무 이야기가 나와. 이 나무의 가지들은 3천 리에 걸쳐 뻗어 있는데, 그 안에 귀신이 드나드는 문인 '귀문'이 있다고 하지. 아무튼 이 나무가 온 세상을 지탱하는

걸 알게 된 현실적인 중국인은 자신들을 위해 나무를 이용했단다. 그렇게 하는 걸 당연하다고 여겼거든. 세상에 좋은 거라면 나에게도 좋다. 뭐, 이런 식이지. 중국인은 복숭아나무로 만든 신의 조각상을 출입문 근처에 세워 두면 못된 귀신을 쫓을 수 있고, 복숭아나무 가지로 열병을 앓는 환자를 때리면 병을 일으킨 귀신을 쫓을 수 있다고 믿었어. 훗날 중국인은 반도에 영원히 죽지 않는 능력이 있다고까지 믿었단다."

교수님과 키릴은 나무들 사이에 난 오솔길을 걷기 시작했어요. 그곳에는 없는 나무가 없었어요. 무화과나무, 오렌지나무, 레몬나무, 온갖 품종의 야자수, 벵갈고무나무에 거대한 선인장도 있었죠.

"아니 선인장이 왜 여기에 있어요? 이것도 세계수인가요?"

키릴이 궁금증을 참지 못하고 불쑥 질문을 하자 사마일 교수님이 고개를 끄덕이며 말했어요.

"그렇고말고. 멕시코 인디언들은 세계수가 당연히 우유 같은 수액을 품고 있는 선인장인 용설란이라고 생각했어. 세계 각지의 민족들이 숭상하는 세계수는 우리가 살고 있는 이 세계와 지하 세계와 신을 연결하는 역할만 하는 게 아니야. 세계수는 과거와 현재와 미래를 이어 주기도 해. 생명이 계속 이어진다는 개념을 표현하는 고대의 상징 중 하나지. 예를 들어, 나나이족은 신부의 결혼 예복에 세계수를 표현했단다. 하늘에서 자라는 이 나무들은 여신의 지배를 받지. 각각의 부족은 자신만의 나무가 있고, 큰 가지에서 사람의 영혼을 기른단다. 이 영혼은 후에 새가 되어 부족의 여성에게 들어가

잉태되지. 나나이족은 상류층의 신부 결혼 예복에 용의 비늘을 표현해 놓았고 뒤에는 한 쌍의 용을 그려 놓았지."

"만약 나무가 전혀 자라지 않는 곳에 사는 고대인은 어떻게 했어요? 사막이나 북극에 살았던 고대인은요? 그 사람들도 뭔가를 생각해 냈나요?"

"나무는 지구 어디에서나 자랐단다. 그래도 자연에서 나무를 대신할 것들을 찾고는 했어. 산이나 절벽도 있고 그마저도 없으면 사람들이 직접 만들기도 했지. 토템 기둥을 세우거나 피라미드, 탑이나 지구라트(피라미드 형태의 계단식 성탑)나 사원 등을 지었단다. 사실 세계 곳곳에 기하학적으로 지어져 있는 종교적 건축물들을 살펴보면 세 가지 세계를 연결하는 세계수에서 비롯되었다는 것을 알 수 있어. 예를 들어 볼까. 고대 아스텍의 수도였던 테노치티틀란(현재의 멕시코시티)에 있는 피라미드를 보면 중앙에 선인장에 앉아 뱀을 먹고 있는 독수리가 있단다. 그뿐이 아니야. 인간이 자연을 신성시하는 개념이 세계수로부터 시작된 경우가 드물지 않아. 산을 신성하게 여기는 민족이 많이 있어. 그리스인의 올림포스 산, 유대인의 타보르 산, 중국인의 쿤룬산(곤륜산), 인도, 티베트와 네팔에서 숭상하는 카일라스 산, 중부 유럽에 사는 켄트인의 몽블랑 등이 좋은 예지."

"그런데 한 가지 이해가 되지 않는 게 있어요. 어떻게 사람들이 상상으로 만들어 낸 세계수가 실제로 지진을 일으키죠? 지금까지 하신 말씀은 다 옛날부터 전해지는 이야기잖아요, 안 그래요?"

사마일 교수님은 알쏭달쏭한 미소를 지었어요.

"글쎄다. 그걸 다 설명하려면 시간이 모자라겠는걸. 그 이야기는 내일 하자꾸나. 지금쯤 집에서 널 기다리고 계실 거야. 나도 감독위원회에 출두해야 하고. 지금은 네가 '이야기'라고 했던 것에 관한 기억이 인간들 모두의 의식 속에 잘 보관되어 있다는 것밖에 말해 줄 수 없어. 한 예로, 심리학자들은 나무를 그리게 한 다음 그 그림을 보고 성격을 파악한단다. 지금까지도 현대인의 행동과 이 세상에 영향을 미치는 고대의 신화와 전설이 얼마나 많은지 너는 상상도 할 수 없을 거다. 하지만 지금은 집에 갈 시간이야. 내가 현관까지 데려다 주마. 우리 집 식구들 때문에 네가 또 놀라면 안 되니까."

키릴은 아직 집에 가고 싶지 않았어요. 하지만 고집을 부리지 않기로 했어요. 그랬다가는 교수님이 생각을 바꿔서 내일은 손님으로 받아 주지 않을지도 모르잖아요.

하늘 세계의 탬버린

이튿날 키릴은 아침을 먹는 둥 마는 둥 한 후 언덕 위의 집으로 서둘러 갔어요. 이번에도 흰올빼미 울리야나가 문을 열어 주었어요. 교수님은 집무실에도 온실에도 서재에도 보이지 않았어요. 모니터에는 전날 본 까마귀 이옐이 앉아 있었어요.

이옐은 키릴을 보자 까악까악 하는 목소리로 아는 척을 했어요.

"왔구나. 앉아서 기다려. 사마일은 곧 올 거야."

키릴은 신비로운 불꽃이 번쩍거리는 큐브 근처에 있는 의자에 앉았어요. 그리고 큐브 속의 쉴 새 없이 폭발하는 불꽃을 유심히 관찰하기 시작했어요.

잠시 후 서재 문이 활짝 열리고 교수님이 들어왔어요. 교수님은 커다란 가죽 탬버린을 들고 있었는데, 지름이 족히 60센티미터는 되어 보였어요. 탬버린 가죽은 한때는 연한 색이었겠지만 지금은 심하게 닳은 데다 손때도 많이 탔어요. 한쪽에는 나무 손잡이가 달려 있고 가죽의 안쪽과 바깥쪽에는 붉은색 황토로 사람과 동물과 이상한 선이 잔뜩 그려져 있었어요.

"왔구나, 잘 왔다. 키릴."

교수님은 반갑게 인사를 건네고는 탁자 옆 안락의자에 앉아요. 그리고 들고 있던 탬버린은 바로 앞에 조심스럽게 내려놓았어요.

"어제 한창 재미있는 부분에서 이야기를 중단했구나. 너는 어떻게 상상의 나무가 현실 세계에 영향을 미칠 수 있는지 궁금해 했지."

키릴은 말없이 고개를 끄덕였어요.

"키릴, 한번 물어보자. 너는 이 세계가 어떻게 생겨났다고 생각하니?"

"음, 그건 간단하죠. 전에 『내셔널 지오그래픽』에서 읽었거든요. 빅뱅 초기에 수많은 은하와 별들과 태양계를 가지고 있는 우리 우주가 생겨났어요."

키릴은 마치 기다리고 있었다는 듯 냉큼 대답했어요.

"그래그래. 그 이야기는 나도 알아. 네가 무척 마음에 들어 하는 바로 이 큐브에 빅뱅이라는 폭발이 일어난 지 수십억 분의 일 초가 지난 후의 우주가 들어 있으니까. 엄밀히 말해서 이 정도의 짧은 시간 간격을 부르는 말조차 우리에게는 없지."

키릴은 할 말을 잃은 채 큐브를 뚫어져라 바라보았어요. 그러다 잠시 후 이렇게 말했어요.

"하지만 빅뱅 이론은 신화가 아니라 과학적 사실인걸요."

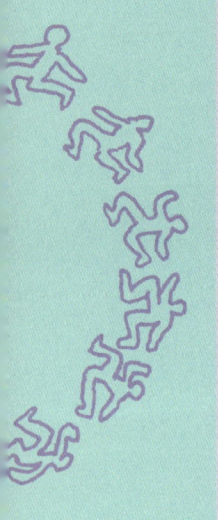

● 우주 달력

우주가 진화하는 과정 전체를 놓고 볼 때 지구에 인류가 출현한 후부터 지금까지는 순간에 불과해요. 가령, 빅뱅이 1월 1일에 일어났다고 가정해 봐요. 그러면 은하수는 4월 1일경에 만들어졌을 거예요. 태양계는 9월 9일에, 다윈이 말한 종의 진화는 아마도 12월 중순에 시작되었을 거예요. 12월 19일에 최초의 어류와 척추동물이 지구에 출현했어요. 다음 날인 20일에 최초의 식물이, 21일에는 최초의 곤충이, 26일에는 최초의 포유류가 등장했어요. 인류의 역사는 12월 31일 저녁에 시작되었을 거예요. 밤 10시 30분에 최초의 인류가 등장했고 11시 59분 55초에 부처가, 11시 59분 56초에 예수가 태어났죠. 11시 59분 59초에는 유럽에서 르네상스 시대가 시작되었어요. 자정에는 빅뱅 이론과 상대성이론이 출현했습니다.

그러자 사마일 교수님이 고개를 가로저으며 말했어요.

"문제는 말이지 고대인처럼 현대 과학도 이 세상을 인식할 수 있는 방법이 무척 한정되어 있다는 거야. 무엇보다 측정 기계들이 정확하지 않거든. 게다가 사람들은 뭐든 쉽게 믿어 버리는 경향도 있어. 가령 현실에 대한 자신의 지식이 옳다고 너무 확신하는 거야. 너는 이 세상이 실제로 어떻게 만들어졌는지 내게 물었지? 시대마다 사람들마다 세상의 탄생을 다른 식으로 생각했어. 그런데 현대의 과학자들은 고대 이집트인처럼 직접 관찰하고 계산한 결과를 바

탕으로 만들어 낸 이론에만 집착하고 있어. 그래서 고대 이집트인처럼 적지 않은 실수도 범하고 있지. 정말 놀라운 게 뭔지 아니? 첨단 과학으로 밝혀낸 사실이 고대의 신화와 일치하는 경우가 드물지 않다는 거야.

넌 이렇게 말했지. 빅뱅으로 이 세상이 만들어졌다고. 그런데 그거 아니? 고내 민족들이 만들어 낸 우주 신화에서 가장 흔히 등장하는 소재는 바로 이 세상의 근본이 우주의 알이라는 거란다."

키릴은 교수님의 질문에 고개를 가로저었어요.

"아뇨. 저는 옛이야기에 나오는 구두쇠 영감 까쉐이의 죽음이 알에 들어 있다는 것밖에 몰라요."

그러자 사마일 교수님이 빙그레 웃었어요.

"까쉐이의 알도 당연히 우주의 알과 연관이 있어. 이 우주가 알에서 비롯되었다고 믿는 사람이 많았지. 고대 중국인과 핀란드인, 고대 그리스의 오르페우스 교도들, 아프리카 북서부에 사는 부족들처럼 말이야. 우주의 알에서 창조주가 나왔다거나 인간이 나왔다는 믿음도 있어."

사마일 교수님이 갑자기 선반으로 가더니 유리문을 열고 내부가 황금색인 커다란 유리알을 꺼냈어요.

"이걸 잘 보려무나. 태초의 물에 둘러싸인 황금 알 속의 핵에서 인도의 창조신인 브라마가 탄생했어. 이 신은 알 속에서 1년을 보내면서 생각의 힘으로 알을 두 쪽으로 갈랐어. 갈라진 반쪽에서 각각 하늘과 땅이 나왔지. 하늘과 땅 사이에 텅 빈 공간, 다섯 개의 원시 원소와 생각이 태어나더니 그 다음으로 여러 신들, 제물을 바치는 의식, 재앙, 별, 시간, 산, 평원, 바다, 사람, 언어, 욕망, 분노와 기쁨, 더위와 추위처럼 상반되는 것들이 생겨났어. 세상이 창조될 때 브라마 신도 두 부분으로 나뉘었어. 여성적인 부분과 남성적인 부분이지. 그런 후에 식물, 동물, 곤충, 새와 아수라(악마)들이 만들어졌단다.

그리스 신화에도 물속을 떠다니던 세상의 알에서 태어난, 태양처럼 빛나는 파네스 신이 세상을 창조했다고 해. 이집트의 신화에서도 거대한 거위가 낳은 알에서 태양이 태어났단다. 핀란드에서 구전되는 서사시인 〈칼레발라〉는 세상의 탄생을 이렇게 적고 있어. '알의 아랫부분에서 어머니인 천연 그대로의 땅이 나왔다. 알의 윗부분에서 높은 천구가 솟아났다.' 중국의 시조인 반고도 알에서 태어났어. 반고는 1만 8천 년 동안 자랐어. 반고가 자라는 동안 밝고 남성적인 것(양)은 하늘이 되고 어둡고 여성적인 것(음)은 땅이 되었단다. 반고가 들이쉬는 숨은 바람이 되고 내쉬는 숨은 천둥과 번개가 되었지. 반고가 눈을 뜨면 하루가 시작되고 눈을 감으면 밤이 왔어.

알에 관한 신화에는 무척 흥미로운 사실도 숨어 있어. 이런 신화에서 알은 세상의 시초뿐 아니라 시간의 시초와도 관계가 있다는 거야. 예를 들어, 태초에 '알'은 하늘로 내던져진 후 갈라지거나 폭발하지. 아프리카 북서부에 사는 어떤 부족들은 지금도 결혼식에서 알을 깨는 풍습이 있어. 이건 가족의 시작과 우주의 시작을 상징적으로 연결해서 보여 주는 거지."

"부활절에 달걀을 색칠하고 깨트리는 것도 그런 것과 관련이 있나요?"

"바로 그거야! 부활절의 달걀에는 고대에, 기독교가 아닌 다른 종교가 봄을 맞이하는 풍습과 기독교에서 예수가 부활한 날 즉, 기독교 세계의 탄생을 기념하는 풍습이 결합되어 있어. 이제는 너도 알겠니? '알'은 빅뱅이 일어나기 전에 우리 우주의 상태를 비유한 일종의 상징이라는 걸 말이야. 이것보다 더 흥미로운 유사점도 많아. 과학자들이 주장하는 빅뱅 이전의 우주는 과연 어떻게 생겼을까?"

"음, 잘 모르겠어요."

키릴이 솔직하게 대답했어요.

"과학자들은 빅뱅이 있기 전에 우주에 존재한 물질은 온도가 100억 도가 넘는 엄청난 밀도의 물질에서 바로 흘러나왔다고 믿고 있어. 이렇게 온도가 높기 때문에 우주에 존재한 에너지가 대부분 광자나 전자기파로 존재했지. 다시 말해서 눈이 멀 정도로 환한 빛 덩어리였겠지. 성경에서 천지가 창조되는 순간을 어떻게 기록하고 있는지 넌 아니?"

"아뇨."

이번에도 키릴은 솔직하게 대답했어요.

"성경에는 이렇게 나와 있단다. '하느님이 빛이 있으라 하시니 빛이 있었고.'"

"그렇다면 현대 과학으로 고대 신화가 모두 사실이라는 걸 밝혔다는 건가요?"

키릴이 심각한 표정으로 이렇게 물었어요.

"아니야. 다 그런 건 아니야. 고대인이 생각한 세상을 보면 터무니없는 엉뚱한 것도 많아. 하지만 그런 이야기를 잘 들여다보면 핵심은 놀라울 정도로 정확하단다. 놀라운 일치의 예를 하나 더 들어 볼까. 고대에는 세상이 처음 창조되었을 때 혼돈이 있었다고 믿었어. 혼돈을 뜻하는 '카오스'는 그리스어인데, 고대 그리스어의 '세차게 뿜어내다, 틈이 벌어지다' 라는 동사에서 유래했다고 해. 그리스인은 카오스가 커다랗게 벌어진 틈이라고 상상했단다. 기원전 8세기에 활동한 그리스 시인인 헤시오도스는 〈테오고니아〉라는 서사시에서 태초에 카오스가 있었다고 쓰고 있어. 그는 카오스를 온갖 물질이며 신과 사람을 비롯해 이 세상을 만들어 낼 수 있는 온갖 가능성이 뒤엉켜 있는, 바닥을 알 수 없는 거대한 틈이라고 했단다. 카오스에서 제일 처음 나온 것은 대지의 여신인 가이아와 하늘의 신인 우라노스였어. 그 둘 사이에서 외눈박이 거인인 키클롭스들이 태어났어. 브론테스(천둥), 스테로페스(번개), 아르게스(벼락)였지. 후에 우라노스와 가이아는 헤카톤케이레(백 개의 팔과 오십 개의 머리를 가

진 거인)인 코토스(분노), 브리아레오스(힘), 기게스(경작)를 낳았어. 마지막으로 거인족인 티탄이 태어났단다.

고대 이집트인은 최초에 혼돈의 바다가 있었는데, 그 속에서 이 세상이 생겨났다고 믿었어. 그 혼돈의 바다는 끝을 알 수 없는 '눈'이라는 바다였지. 아마도 이집트인이 태초의 혼돈을 끝없는 물의 재난으로 생각한 건 매년 범람하는 나일 강 때문이었을 거야. 그 광활한 태초의 바다에서 언덕이 솟아났는데, 그 꼭대기에는 태양신 라가 살았어. 라는 어머니와 아버지 사이에서 태어난 것이 아니라 저절로 생겨났어. 라는 입에서 공기의 신 '슈'와 습기의 신 '테프나트'를 토해 냈지. 이 두 신이 결합하여 땅의 신 '게브'와 하늘의 여신 '누트'를 낳았고, 그 후로도 이런 식으로 신들이 계속 늘어났어. 그런데 혼돈의 바다는 어떻게 되었을까. 혼돈은 사라지지 않고 하늘을 에워쌌어. 그래서 이집트인은 바다가 언제든지 땅을 뒤덮을 수 있다는 두려움에 떨었지."

● **아프리카 도곤족과 시리우스 별**

아프리카의 말리 공화국에 사는 소수 부족인 도곤족은 예부터 전해지는 놀라운 신화를 간직하고 있어요. 아마도 도곤족은 먼 옛날부터 망

51

원경 없이는 볼 수 없는 별인 시리우스의 특징과 운행 궤도를 알았나 봐요. 그뿐이 아니에요. 목성 주위를 도는 거대한 위성 네 개와 나선 은하들과 천문학 지식을 무척 많이 알고 있었어요. 현대 과학은 이런 것들을 최근에야 사실로 밝혀냈다니 정말 놀랍지 않나요?

"바이킹족은 이 우주가 바닥이 없는 얼음 바다와 카오스에서 생겨났다고 믿었어. 그러다가 얼음이 녹자 거인 이미르와 젖소 아우둠라가 태어났고 아우둠라가 자신의 우유로 이미르를 키웠단다. 이미르가 잠을 자다가 땀을 흘리자 겨드랑이에서 거인들이 태어났다고 해. 아우둠라가 소금 덩어리를 핥자 그곳에서 모든 신의 조상인 보르가 태어났어."

"그렇다면 아우둠라도 마당에서 음매 하고 울었어요?"

"마당이 아니라 집이었지. 그래, 그랬을 수도 있겠다. 우리 집에도 신성한 소들이 모두 있지. 그 소들이 없었다면 이 세상은 생겨나지 않았을 거야."

교수님이 껄껄 웃으며 말을 이었어요.

"지금은 혼돈 이야기를 계속하도록 하자. 고대 일본인도 이 세상이 혼돈에서 탄생했다고 믿었어. 그들이 생각한 혼돈은 이 세상을 이루는 모든 원소가 뒤죽박죽으로 뒤섞인 상태였지. 일본의 역사책인 『일본서기』를 보면 혼돈에서 영원히 세상을 다스리는 신인 '쿠니토코타치'가 튀어나왔다고 되어 있어. 그 뒤를 이어 형태도 성별

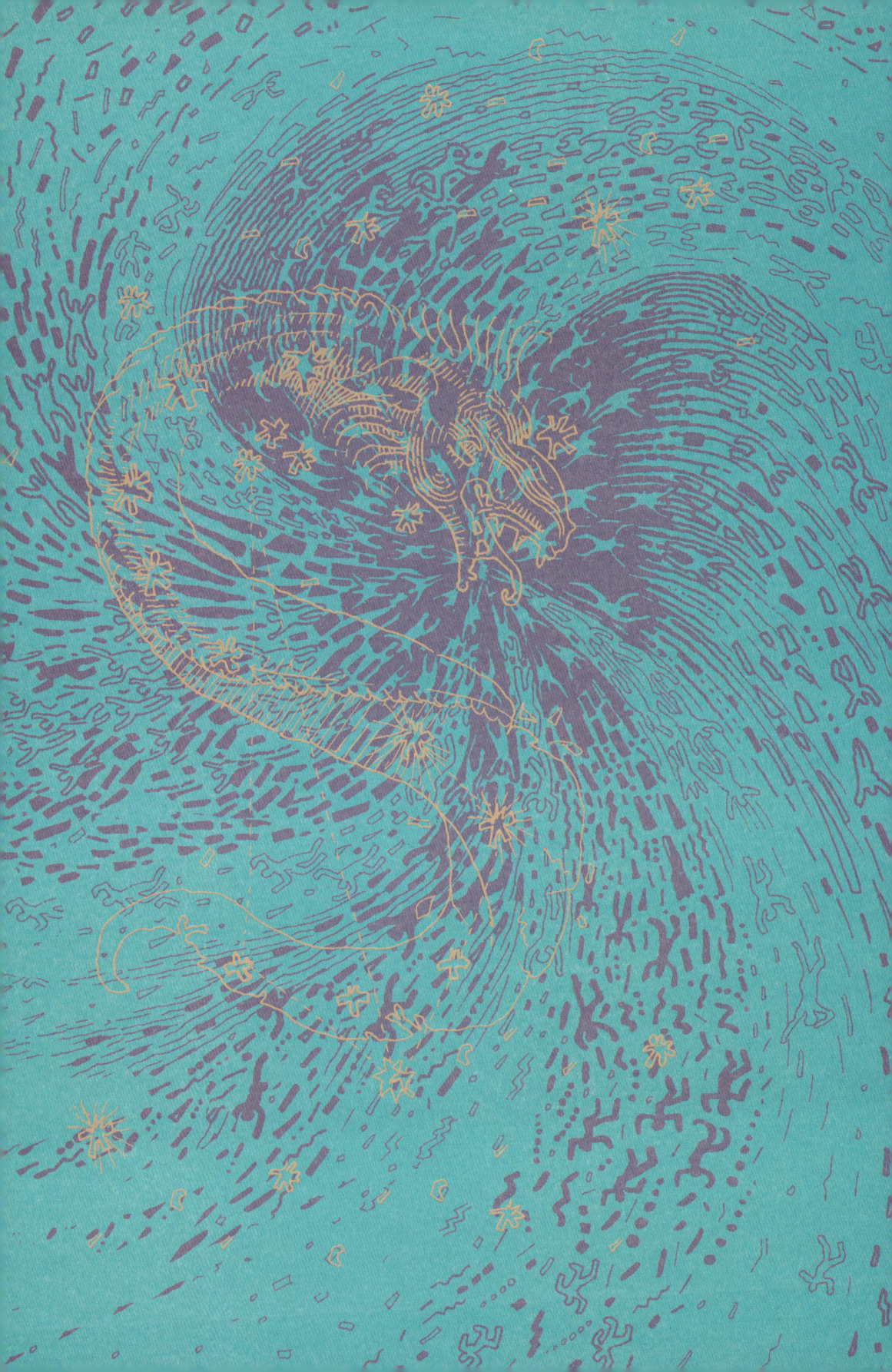

도 정해지지 않은 신들이 생겨났는데, '치솟는 진흙 신'이나 '하늘에서 내리는 모래 여신'처럼 다양한 자연현상을 이름으로 했지. 빅뱅이 일어난 후 어떻게 되었지? 기억하니?"

"태양계와 행성과 별들이 생겨났어요."

키릴이 자신 있게 대답했어요.

"아냐. 그건 한참 후야. 처음에는 지금까지 이야기한 카오스가 있었단다. 현대에 와서 천문학자들과 물리학자들은 고대 그리스인이나 스칸디나비아 지역 사람들과 표현은 다르지만 똑같은 이야기를 하고 있지."

바로 그때 모니터에 앉아 있던 이옐이 갑자기 불안해 하면서 뜻 모를 소리를 했어요. 사마일 교수님이 이옐을 보고 탬버린을 집어들더니 키릴에게 말했어요.

"이쪽으로 오너라. 우리가 무슨 일을 하는지 보여 줄게."

키릴이 좀 더 가까이 다가갔어요.

"꽉 쥐고 가운데를 잘 보렴."

교수님은 키릴의 손에 탬버린을 쥐어 주었어요.

"무슨 일이 있어도 절대 이 탬버린을 놓아서는 안 된다."

교수님의 말이 끝나자 탬버린의 표면이 투명해지더니 짙은 안개가 생겨나 소용돌이치기 시작했어요. 곧 안개가 탬버린 밖까지 흘러나왔어요. 잠시 후 정신을 차려 보니 키릴은 산기슭을 흐르는 커다란 강가에 앉아 있는 것이 아니겠어요. 주위를 둘러보니 겨울이 아니라 초가을이었어요. 근처에는 땅에서 시들은 커다란 그루터기가 솟아나 있었는데, 수백 개나 되는 색색의 리본으로 장식이 되어 있었어요. 그 앞에는 남녀 어른들과 다섯 살 정도인 사내아이와 십대 여자아이가 앉아 있었어요. 모두 열 명이었어요. 그 옆으로 이상한 옷을 입은 남자가 서 있었어요. 그 남자는 동물 가죽으로 만든 짧고 단추가 없는 노랗게 물들인 재킷을 입고 있었어요. 재킷 자락에는 재킷과 같은 가죽으로 만든 형형색색의 술 장식이 바닥에 닿을 듯 길게 달려 있었어요. 술 장식 사이사이로 청바지가 보였어요. 등, 가슴, 어깨와 소매에는 쇠와 천으로 만든 장식물이 잔뜩 매달려 흔들리고 있었어요. 머리에는 눈까지 모자를 푹 눌러썼는데, 윗부분이 뒤로 젖혀져 있었어요. 그 모자도 색색의 리본과 깃털, 금속판과 구슬을 잔뜩 달고 있었어요. 마지막으로 운동화의 바닥에는 노란색 야광 테이프가 붙어 있었어요.

'샤먼이구나.' 키릴은 그제야 알았다는 표정을 지었어요.

　샤먼은 양의 해골, 곰의 앞발, 다람쥐의 꼬리를 땅바닥에 내려놓았어요. 그 다음 땅에 떨어진 나뭇가지 몇 개를 주워 불을 붙여 사방으로 흔들었어요. 그런 뒤 모닥불을 피우고 뭔가 하얀 것을 불에

집어넣었어요. 샤먼은 탬버린을 불 위로 들고 있다가 춤을 추며 강으로 가기 시작했어요. 강가에 도착하자 휘파람 비슷한 소리를 낸 후 다시 그루터기로 돌아왔어요. 샤먼은 점점 더 빨리 탬버린을 치면서 그 장단에 맞춰 모닥불 주위를 빙빙 돌거나 몸을 불 쪽으로 기울였어요. 그러면서 쉬지 않고 목에서 날카로운 소리를 냈는데, 표정이 너무나 무시무시했어요. 샤먼은 둥글게 앉아 있는 사람들 주위를 뛰기 시작했어요. 간간이 멈춰 서서 사람들의 머리나 등을 가볍게 때렸어요. 그런 후에는 곰의 앞발을 손에 끼우고는 사람들의 어깨를 툭툭 쳤어요. 모든 사람을 친 후에 채찍을 들어 등을 때리기 시작했어요. 어디선가 낯익은 까마귀 울음소리가 들렸어요.

 '저 사람들은 맞는 게 아무렇지도 않나? 왜 아무 말도 없이 저러고 있지?' 키릴은 눈앞의 광경이 놀라울 따름이었어요.

 의식이 끝나 갈 무렵이 되자 샤먼은 우유를 입에 머금고는 사람들의 손바닥에 차례로 우유를 뿜었어요. 그 다음 접시를 들고 다니며 앉아 있는 사람들의 이마와 손끝에 접시 속에 들은 것을 문질러 발라 주었어요. 그 접시 속에는 조금 전 모닥불에 던진 하얀 것이 들어 있었어요.

 '저건 기름이었구나.' 키릴은 그렇게 짐작했어요.

 샤먼이 종을 울린 후 알 수 없는 언어로 무슨 말을 했어요. 그러자 사람들은 즐거운 듯 연신 고개를 끄덕거렸어요. 마지막으로 사람들은 차례로 그루터기 앞에 쌀을 뿌리고 우유를 부었어요.

 그 순간 어디선가 나타난 안개가 키릴을 감싸나 싶더니 키릴은

어느새 교수님의 서재로 돌아와 있었어요. 바닥에는 온통 하얀 쌀이 흩어져 있고 모니터 앞에는 우유가 담긴 대접이 놓여 있었어요.

"장하다. 조금도 겁먹지 않았구나. 역시 내 생각이 옳았어."

사마일 교수님이 대견하다는 듯 키릴의 어깨를 툭툭 치며 말했어요.

"무슨 생각이요? 제가 본 광경은 뭐였어요?"

키릴이 조심스럽게 묻자 교수님이 빙그레 미소를 지으며 대답했어요.

"너는 방금 시베리아 남쪽에 있는 투바 지역의 샤먼이 정화 의식을 치르는 모습을 본 거란다. 투바 사람들뿐만 아니라 시베리아, 알타이, 극동, 카자흐스탄, 몽골과 미국 인디언들도 샤머니즘을 믿었어. 그들은 이 세상이 상계, 중간계, 하계로 구성된다고 믿었어. 상계에는 착한 영혼인 수호자와 보호자들이 살고, 중간계에는 사람이 살며, 하계에는 사악한 영혼이 살았지. 수 세기에 걸쳐 샤먼은 이 세상 사람과 영혼을 연결하는 중개인의 역할을 했어. 그래서 미래를 예언하고 병을 고치고 영혼을 빼앗긴 사람들에게는 영혼을 되찾아 주었지. 어느 민족이나 천지창조에 관한 고유한 이야기가 있어. 내용은 다 다르지만 사람들이 수많은 자연의 영에 둘러싸여 있으며 그 영들과 타협을 할 수 있어야 한다고 믿는 건 똑같아. 예를 들어, 샤먼이 향나무 가지에 불을 붙인 건 연기로 신성한 장소인 '오바아'에서 사악한 영혼들을 몰아내기 위해서야. 샤먼의 옷은 새를 모방한 거야. 영혼과 교류하는 동안 '하늘을 날아다니기' 쉽게 새의

모습을 흉내 낸 거지."

"그렇다면 교수님은 현대 과학이 뭐라고 주장하든 기적이 일어난다고 말씀하시고 싶은 거예요?"

"잘 들어 봐라, 키릴. 옛날에 아우구스티누스라는 유명한 기독교 성인이 있었단다. 그분은 네가 태어나기 한참 전에 이미 네가 한 질문에 이렇게 대답했지. '기적은 자연의 법칙에 위배되지 않는다. 다만 자연의 법칙에 대한 우리의 생각에 위배될 뿐이다.' 사람들은 자신이 아는 것만 가지고 최종적인 판단을 내리는 경우가 너무 많아. 우리의 지식이 얼마나 보잘것없는지 알면 너도 놀랄 거야. 한번 생각해 보렴. 너와 엄마가 아프리카에 갔어. 그곳에서 마사이족을 만났지. 그런데 사막에 가뭄이 든 거야. 그걸 본 네 엄마가 휴대전화를 꺼내서 본부에 전화를 걸어 헬리콥터로 물을 보내 달라고 했어. 마사이족은 네 엄마를 마녀라고 생각할 거야. 왜냐하면 저 멀리 있는 사람들과 이야기를 할 수 있으니까 말이야. 마사이족 눈에 그게 바로 진짜 기적이 아니면 뭐겠니. 샤먼이나 세계수에 관한 것도 똑같아. 고대인처럼 우리 현대인도 이 세상에서 일어나는 현상의 원인을 모두 다 알지는 못해. 그런데 사람들은 수천 년 동안 일어났던 사건들의 법칙을 잘 관찰하면서 신과 영혼의 세상과 상호 작용하는 법칙을 만들어 낸 거야."

사마일 교수님은 그렇게 말하며 사육장으로 다가가서 야채를 거북이의 코앞에서 흔들었어요. 거북이는 졸린 듯 고개를 움직이더니 야채를 향해 느릿느릿 다가가기 시작했어요.

"너는 이 세상이 수백만 년 전에 발생한 빅뱅의 결과물이라고 생각하는구나. 설마 이 세상 모든 사람에게 그 사실이 잘 알려져 있고, 그 사람들이 당연히 빅뱅 이론을 받아들일 거라고 진심으로 믿는 거니? 너와 생각이 다른 사람은 진짜 멍청이라고 믿는 거야? 혹시 미국의 여러 주에서는 학교에서 의무적으로 '창조론'을 가르쳐야 한다는 건 아니?"

● 창조론

창조론이란 이 우주와 지구와 지구에 사는 모든 생명체를 어떤 초자연적인 존재나 신이 의도적으로 창조했다고 주장하는 이론이에요. 창조론이 옳다고 주장하는 종교가 세계적으로 많아요. 기독교와 이슬람교가 대표적이죠. 기독교의 창조론을 살펴보면 여러 갈래로 나뉘어 있어요. 어떤 창조론은 이 세상이 성경에 나온 그대로 창조되었다고 주장해요. 즉, 지금으로부터 6천 년 전, 단 6일 만에 창조되었다는 거죠.(이런 주장을 '젊은 지구 창조론'이라고 해요.) 한편 '6일 만에 창조'되었다는 표현은 단지 고대인의 이해력을 감안해서 사용한 은유법이고, 실제로는 '창조 기간 동안의 하루'는 몇 백만 년 혹은 몇 십억 년이라는 주장도 있어요.(이런 주장은 '오랜 지구 창조론'이에요.) 지구는 평평하고 그 주위를 별들이 고정되어 있는 천구가 에워싸고 있다는 주장도 있죠.('평평한 지구 이론'이죠.) 이외에도 조금씩 주장하는 내용이 다른 창조론들이 많이 있어요.

"학생들은 성경에 나오는 천지창조에 대해서 배운단다. 창조론 수업 시간에는 하느님이 6천 년에서 1만 년 전에 지구를 창조했다고 배워. 지구는 평평하고 우주의 중심에 있으며 최초의 사람은 아담과 이브라고 배우지."

"그럼 공룡의 뼈는 어떻게 된 거예요? 고고학자들이 발굴한 화석은요? 지질학과 천문학과 생물학에서 발견한 내용은요?"

키릴이 도무지 이해가 안 된다는 듯 질문을 퍼부었어요.

"그런 질문에 대해서도 창조론자들은 재치 있는 답변을 준비해 두었단다. 예를 들어 하느님이 지구를 처음부터 오래된 것처럼 창조했다고 해. 그래서 화석이 된 공룡 뼈들이 발굴되는 거지. 이런 주장도 있어. 참 논리적이니까 잘 들어 봐. 애초에 단 하나의 전지전능한 창조주가 있다고 믿으면 그 창조주가 뭐든 만들고 싶은 대로 창조했다고 생각하면 문제는 간단해지지 않을까? 매머드의 앞니도 만들었을 거고, 히말라야의 설인도 만들었겠지. 창조론자들은 이렇게도 주장해. 이 세상의 만물이 너무나 논리적이고 아름답게 만들어져 있는데, 이렇게 축복 받은 지구가 우연히 만들어졌다는 걸 어떻게 믿느냐는 거야."

"하지만 우리는 학교에서 다르게 배운걸요. 우리는 다윈의 진화론을 배워요. 진화론에 따르면 지구의 생명체는 자연선택에 의해서 아메바에서 인간으로 진화했어요."

키릴은 신이 나서 말했어요. 학교에서 배운 지식으로 창조론을 반박할 수 있으니까요.

● 다윈의 진화론

찰스 다윈은 1859년에 출판한 『자연선택에 의한 종의 기원, 즉 생존경쟁에 있어서 유리한 종족의 존속에 관하여』라는 자신의 책에서 진화를 이끌어 가는 힘은 자연선택이라고 주장했어요. 자연선택이란 지구의 생명체 중에서도 자신과 닮은 후손을 남기는 개체들만 계속 살아남는 자연의 과정이에요. 선택을 통해서 생존할 수 있고 주어진 환경에서 살아남기에 더 적합한 형질을 후손에 물려줄 수 있다고 진화론자들은 주장해요. 이러한 선택 작용의 결과로 종이 아종(亞種)이라는 하위 단계로 나뉘어요. 이 아종은 다시 시간이 갈수록 속, 과, 목 등 더 하위 단계로 나뉘어요.

"선택이라고? 선택이 아니라 도태야. 그래, 오랫동안 이 이론은 대단한 인기를 끌었고 가장 급진적인 이론으로 여겨졌단다. 그런데 놀랍고도 놀라운 사건이 벌어졌어. 어느 순간 생물학, 물리학, 유전학과 화학 같은 분야의 과학자들이 자연현상을 관찰하고 실험한 결과에 깜짝 놀라지 않을 수 없었어. 왜냐하면 이 우주와 태양계와 그리고 이 지구가 만들어진 모습을 보면 말 그대로 인류의 출현이 미리 계획되어 있는 것 같았던 거야. 게다가 이 우주는 마치 누군가가 인류를 위해서 120억 년 전에 일부러 만든 일종의 거처 같았어."

교수님이 창가에 있는 작은 책장으로 손을 뻗었어요. 그리고 책을 한 권 뽑아 들었어요. 짙은 밤색 표지에는 두 개의 행성이 나선을 그리며 회전하고 있었어요.

"Martin Rees, Just six numbers."

키릴이 제목을 읽었어요.

"영어를 아니?"

"네, 여기에 적힌 말은 '오로지 여섯 개의 수' 라는 뜻이에요."

"내가 좀 더 정확하게 번역해 볼까. '고작 여섯 개의 수' 이 책은 내 오랜 친구이자 영국 왕립 학회의 의장인 마틴 리스 경이 썼단다.(국내에는 『여섯 개의 수』라는 제목으로 출간되었어요. ―옮긴이) 2000년에 이 책이 출판되자 적지 않은 논란이 일었어. 마틴 경은 이 책에서 여섯 숫자는 인류가 지구에 출현하는 것을 가능하게 해 준 물리학적 변수임과 동시에 우리 우주가 처음 태어난 순간에 생겨난 물리학적 변수라고 주장했어. 가령, 우주의 특정 부분의 밀도, 그 부분의 온도나 당시 발생한 소립자의 특성이 조금이라도 달랐다면 인류는 결코 탄생하지 못했을 거라고 주장한 거지. 과학자들은 이런 법칙을 '인류 원리(Anthropic principle)' 라고 해. 사람을 뜻하는 그리스어 '안트로포스(Anthropos)' 에서 유래했어. 그런데 바로 여기에 생각해 보아야 할 점이 있어. 변수의 값은 무궁무진한데 어떻게 인류가 출현할 수 있는 그 조건이 딱 맞게 만들어졌을까? 혹시 누군가가 그렇게 되도록 한 것은 아닐까? 하느님, 고차원적 이성을 가진 존재, 아니면 순전히 우연일까?

진화론에 대해서도 요즘은 진화론이 과연 사실인지 의심하는 과학자들이 늘고 있어. 1984년에 프레드 호일이라는 미국의 천체물리학자는 다윈이 말한 원시 생물 스프에서 지구의 생명체가 만들어질

수 있는 확률을 계산했어. 그랬더니 이런 결과가 나온 거야. '자연적인 진화의 결과로 유일한 박테리아 하나가 출현할 확률보다 금속 부스러기 쓰레기장 위를 휩쓸고 간 토네이도가 그곳에 흩어져 있는 보잉―747기의 잔해를 모을 확률이 더 높다.' 보다시피 진화론에게는 너무나 가혹한 결론이지. 그것도 성직자가 아닌 과학자가 내린 결론이라는 점에서 더 가혹해."

● 인류 이론

1973년에 코페르니쿠스 탄생 500주년을 기념해 과학자들이 모여 회의를 열었어요. 이 회의에서 영국의 물리학자 브랜던 카터가 앞에서 나온 '인류 원리'라는 용어를 처음으로 사용했어요. 카터는 만약 빅뱅이 일어난 순간에 중력이나 소립자들 사이에 작용하는 힘이 조금만 달랐더라도 지구에 생명체가 탄생하지 못했을 거라고 주장했어요. 그런 걸 보면 우주는 인류를 위해서 만들어진 것 같아요! DNA 연구로 노벨상을 탄 케임브리지 대학의 프랜시스 크릭 교수는 1981년에 아래 가정을 담은 책을 출간했어요. '만약 지구의 생명체가 지구에서 직접 탄생할 수 없었다면 분명히 우주 어딘가에서 생명이 잉태된 물질의 상태로 지구로 날아왔을 것이다.'

"그건 말도 안 돼요! 어떻게 진화론이 틀렸다고 할 수 있죠? 그럼 오스트랄로피테쿠스의 뼈는 어떻게 된 거예요. 인간과 유인원 사이

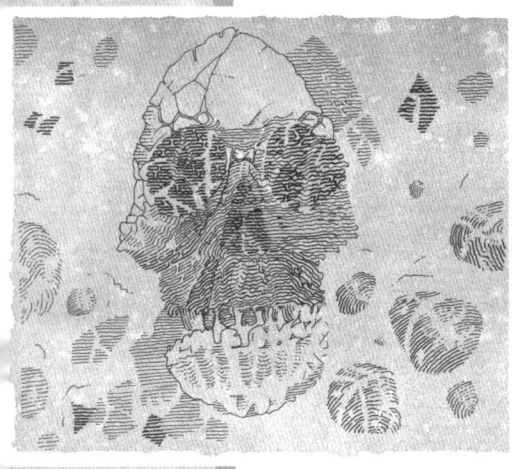

에 있는 그건요?"

키릴이 발끈하며 소리쳤어요.

"네가 말한 '그건' 피테칸트로푸스(자바 원인과 베이징 원인을 비롯한 호모 에렉투스의 한 종류)라고 하지. 문제는 말이야 피테칸트로푸스와 유인원 사이에 차이점이 무수히 많아. 그러니까 그 둘 사이에는 다른 생물이 분명히 있었을 것 같은데, 정작 그 생물들의 뼈는 지금까지 발견되지 않고 있어. 이런 문제를 '잃어버린 고리'라고 한단다."

"그럼 교수님은 성경에 나온 대로 인간을 흙으로 빚었다고 생각하세요? 저는 죽을 때까지 그런 말은 못 믿을 거예요!"

키릴은 여전히 분을 참을 수 없었어요.

"그런 말이 아니잖니! 인간의 탄생에 대해서 말하면 넌 꼭 그렇게 발끈 화를 내는구나! 그럼 코끼리나 잠자리는 별로 놀라운 존재가 아니란 말이야?"

교수님은 안타깝다는 듯 고개를 절레절레 흔들었어요.

"나는 다만 진흙이나 성스러운 새의 배설물로 인간을 만들었다는 주장만큼 진화론도 많은 반론이 있다는 걸 알려 주고 싶었을 뿐이다. 게다가 '흙'이 무엇을 의미하는지 기록해 놓은 자료가 없어! 어쩌면 '흙'은 네가 말한 아메바에서 고등 유인원에까지 이르는 모든 유기물 세계, 그 세계의 다양한 생물을 구성하고 있는 무언가를 의미하는 걸지도 모르잖아? 사실 고등 유인원과 인간의 유전자는 95퍼센트가 동일하니까! 쥐와는 28퍼센트가 동일하고! 왜 그럴까? 인간을 만들었다고 하는 물질이 유기계 전체를 말하는 거라고 가정해 보면 창조론과 진화론이 무슨 차이가 있겠니?"

교수님은 그렇게 말하고는 갑자기 침울한 표정을 지었어요.

"아, 키릴! 내게 이런 논쟁이 얼마나 지긋지긋한지 넌 모를 거다. 몇 년째 똑같은 일이 되풀이되고 있어. 과학이 옳으냐, 종교가 옳으냐? 누가 틀렸나? 서로를 죽이기라도 할 듯 싸우고 있어. 실제로 지금까지 죽이고 있지."

교수님은 한숨을 푹 쉬고는 어깨를 축 늘어뜨렸어요. 키릴은 갑자기 교수님이 늙어 보이는 것 같았어요. 사마일 게오르기예비치, 교수, 행성의 조정자……. 혹시 또 다른 호칭도 있는 걸까요? 키릴은 갑자기 쾌활한 목소리로 말했어요.

"만약 현대 과학이 실수를 한 거라면 비행기며 로켓이며 DVD 플레이어는 다 누가 만들었겠어요?"

그러자 사마일 교수님이 생각에 잠긴 표정으로 거북이를 바라보았어요. 그리고 키릴을 보며 이렇게 대답했어요.

"언젠가 어떤 노부인에게 들은 이야기인데, 나는 지금도 그 이야기를 무척 좋아한단다. 그 노부인을 내 할머니라고 치고 얘기를 하마. 한번은 할머니가 친구분과 이야기를 하고 계셨어. 그러다가 세상의 창조에 대해서 언쟁을 벌이게 되었지. 할머니는 교육을 많이 받으셨고 과학에도 관심이 많으셨거든. 달나라에 가 보고 싶어 하실 정도였지. 반면 그 친구분은 그런 건 생각조차 해 본 적이 없었지. 그런 친구가 할머니에게 과학 이론은 모두 헛소리라고 하신 거야. 지구가 거대한 거북이 등에 딱 붙어 있는 건 누구나 다 아는 사실이라면서 말이야. 그 말에 할머니는 너무 황당해서 이렇게 물어보셨어. '그럼 그 거북이는 어디에 서 있는데?' '아, 그건 간단하지. 거북이는 다른 거북이 등 위에 서 있어.' 그러자 할머니는 이렇게 말씀하셨어. '알겠어. 그럼 그 두 번째 거북이는 어디에 서 있는데? 그러자 이런 대답이 돌아왔지. '그것도 간단해. 거북이의 거북이의 거북이의 등에 있지.'"

키릴이 이야기를 다 듣고 깔깔거리며 웃었어요.

"옛날 사람들이 얼마나 무지몽매했는지 참으로 놀라울 따름이야. 신을 믿었고 이 세상을 코끼리나 거북이가 받치고 있다고 믿었으니까……. 그리고."

교수님은 말을 끊고 다시 사육장을 뚫어져라 바라보았어요.

"교수님, 설마 이 거북이가 지구를 떠받치고 있다고 말씀하시려는 건 아니죠?"

"이 거북이가?"

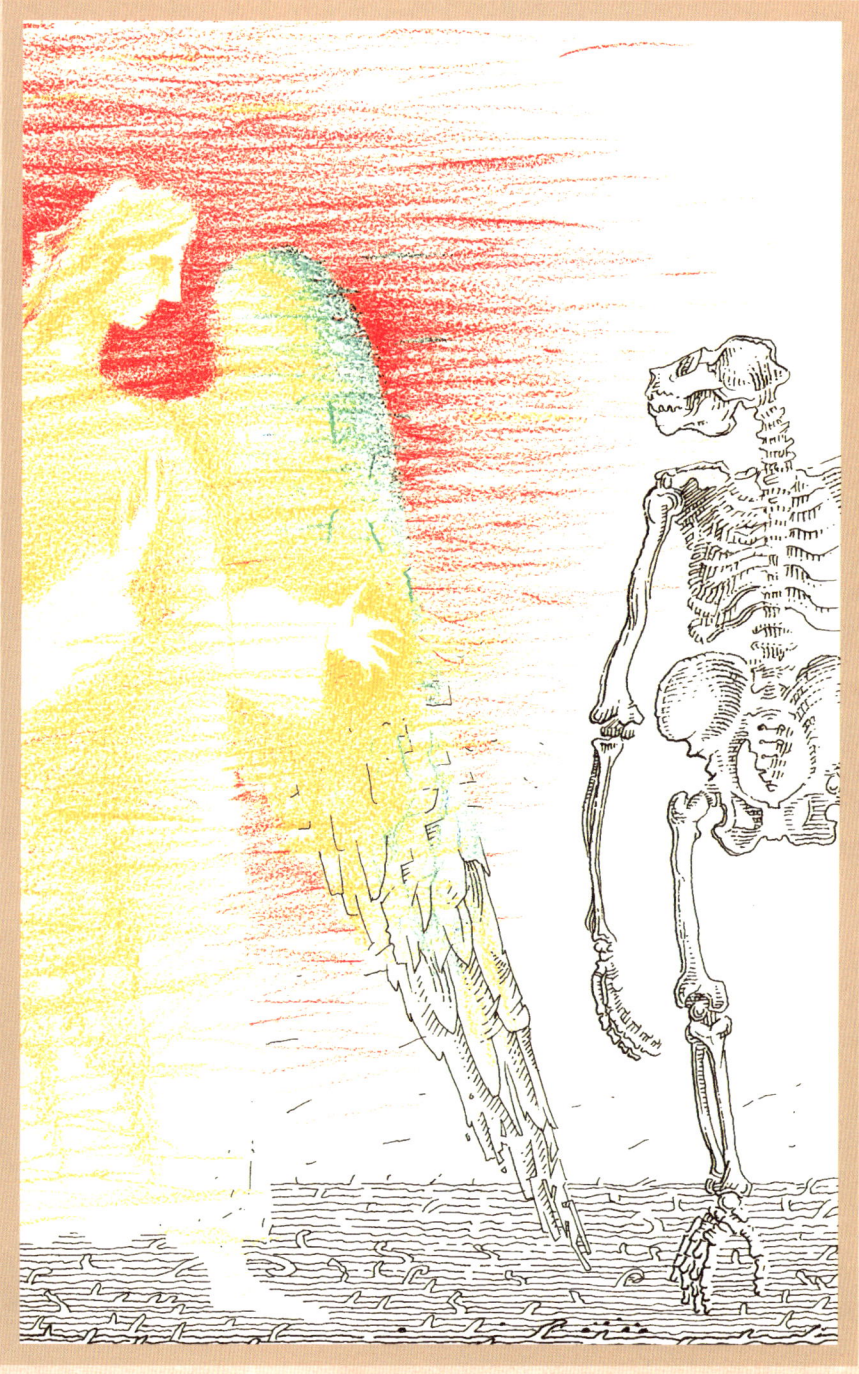

교수님은 빙그레 웃었어요.

"아니야, 아니고말고. 이 거북이는 인도의 신을 도와서 바다에서 불생불멸의 감로수인 암리타를 구했지. 지구를 받치고 있는 거북이는 얘와 비교도 안 될 만큼 거대한 데다 지금은 동면에 들어갔어. 봄이 되면 인사를 시켜 주마. 내가 할머니 친구 이야기를 들려준 건 이 이야기를 하고 싶어서야. 우리는 단순히 어떤 것을 믿는 것이 아니야. 우리는 우리의 믿음이 진리라고 확신하고 있어. 그런 태도가 훨씬 더 위험해. 지구가 다른 행성들과 함께 이 우주에 떠 있다는 네 믿음이 아까 이야기에 나온 할머니의 믿음과 뭐가 다를까?"

● **삼각형 세계**

고대 그리스의 테라페우타이파(그리스어로 '치유자'라는 뜻으로, 1세기 이집트 알렉산드리아 근처에 거주한 것으로 알려진 금욕주의적 유대교 종파)는 이 세상이 **각 변의 비율이 3:4:5인 직각삼각형**을 이용해 창조되었다고 생각해요.

키릴은 인상을 찌푸리며 반박했어요.

"전 믿는 게 아니라 아는 거예요. 제 지식은 실험과 관찰로 확인된 사실이라고요!"

"그래, 그렇겠지. 그런데 바빌론 사제나 알타이의 샤먼이 알고 있는 지식도 관찰과 경험으로 확인된 거란다. 그들이 관찰한 내용은 모두 사실로 확인되었어. 이 세상을 신들이 창조했다거나 지금 보고 있는 이 까마귀의 똥에서 나왔다거나 이런 것 말이야."

이옐이 그 말에 전적으로 동의한다는 듯 고개를 힘차게 끄덕였어요.

키릴은 생각에 잠겼어요.

"혹시 이 집 어딘가에 신이 사는 건가요?"

사마일 교수님은 실눈을 뜨며 알쏭달쏭한 대답을 했어요.

"그럴지도 모르지. 게다가 한 명이 아니야. 인도의 신만 해도 수만 명이나 되니까. 너무 많아서 기억도 다 못해."

"그런데 정말 모르겠어요. 도대체 그 신들은 왜 이 세상을 만들었을까요? 신은 사람이 왜 필요했을까요? 동물은요? 이 세상 모든 것들은요?"

"글쎄, 그 질문에 대한 답은 시대마다 다 달랐지. 고대 그리스인은 사람이 신을 섬기고 늘 제물을 바쳐야 한다고 믿었어. 메소포타미아 사람들은 사람은 무엇보다 신을 대신해서 힘든 일을 해야 한다고 생각했고. 톨텍족은 태양의 신을 숭배했는데, 그 신이 인간의 에너지를 먹고 산다고 믿었어. 이들은 흑요석으로 만든 칼로 사람의 가슴을 열어서 펄떡펄떡 뛰는 심장을 제물로 바쳤단다. 아스텍인은 사람은 신들에게 인간의 피를 계속 바쳐야 한다고 생각했어."

키릴이 깜짝 놀라 말했어요.

"너무 끔찍해요! 그렇게 죽음을 원하는 신들이 나쁘다는 생각은

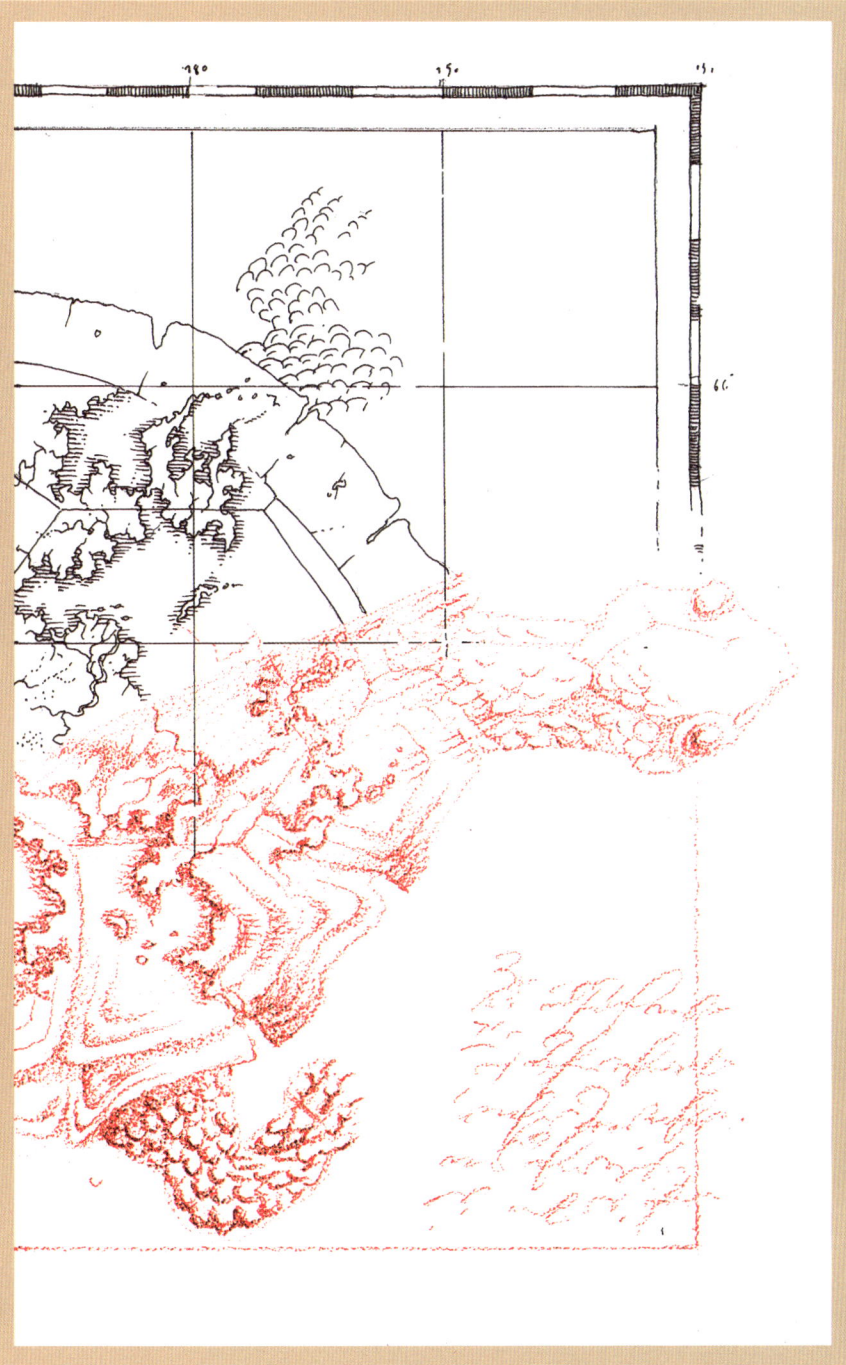

안 해 봤을까요?"

"그럴 리가 없지. 그 신들이 자신들을 만들었다고 굳게 믿었으니까. 흥미롭게도 고대 신들은 당시 인간들도 잘 알고 있던 기술로 인간을 만들었단다. 고대 이집트의 크눔 신은 도자기를 만드는 물레로 사람을 빚었어. 메소포타미아 사람들은 사람이 진흙과 피로 만들어졌다고 믿었어. 이런, 이번에도 흙이 나오는구나. 마야인의 신성한 책인 『포폴부』에는 신들이 인간을 만들기 위해 여러 번 시도했다고 나와. 신들은 먼저 흙으로 사람을 만들었어. 그런데 흐물흐물해서 움직이지도 못하자 화가 난 신들은 그 사람을 부숴 버렸어. 두 번째 재료는 나무였단다. 말도 잘 듣지 않고 공손하지도 않은 사람이 만들어졌지. 신들은 홍수를 일으켜 사람들을 모두 쓸어가게 했단다. 그 다음엔 옥수수로 사람 네 명을 만들었어. 그랬더니 너무 똑똑하고 통찰력이 뛰어나서 신들의 마음에 들지 않았어. 그래서 최고신 우라칸이 사람의 눈에 안개를 불어넣어 버렸지. 이 때문에 인간이 세상에 대해 이해할 수 없고, 모르는 것이 많아졌단다."

● **에스키모와 콜럼버스**

콜럼버스가 지구가 둥글다는 사실을 발견하기 아주 오래전에 **고대 에스키모인은** 지구가 둥근 얼음 덩어리라고 생각했어요. 얼음 벽돌로 만든 집인 '이글루'처럼 말이죠. 에스키모의 신화에는 부부 두 쌍이 세상의 크기를 재려고 한 이야기가 있어요. 이들은 썰매를 타고 서로 반대 방향으로 떠났어요. 그리고 오랫동안 얼음 위를 떠돌아다녔죠. 두 부부는 노인이 되어서야 출발점에서 만났어요. "세계는 크다!" 한 남자가 말했어요. 그러자 다른 남자가 이렇게 말했죠. "우리가 생각한 것보다 더 크다!" 그리고 두 사람은 죽었어요.

"그렇다면 신들은 사람을 왜 만들었어요? 잡아먹거나 부려 먹으려고요? 그런 신들을 지금 이 집에 묵게 해 주신다는 거예요? 그런 신들은 쓰레기장으로 쫓아내 버리세요!"

키릴이 버럭 화를 내자 교수님이 껄껄 웃었어요.

"그래, 네 말이 맞다. 그곳이 신들이 있을 곳이야. 하지만 네 생각은 하나도 새롭지 않구나. 많은 사람이 너와 같은 말을 했단다. 너에게 두 시간 동안 줄곧 이렇게 말하고 있잖니. 세상엔 수많은 생각과 관점이 존재한다고. 네 생각이 가장 좋아 보인다고 해서 그 생각이 유일한 진리인 것은 아니란다. 앞에서 말한 톨텍족의 설화와 신화를 잘 연구해 보렴. 어떤 내용인지 자세하게 연구해 본 후에 쓰레기장에 버리려면 버리려무나. 그런데 너는 핵폭탄과 생화학 무기를 발명한 과학이 고대의 신들보다 더 적은 희생자를 냈다고 생각하는 거니? 각

각의 신을 숭배한 민족들만큼이나 다양한 신들이 있단다."

교수님은 책장으로 다가가 두꺼운 성경책을 꺼냈어요.

"자, 예를 들어 보자. 창세기 1장을 보면 하느님은 자신의 모습을 본 떠 남자와 여자를 창조했어. '바다의 고기와 공중의 새, 또 집짐승과 모든 들짐승과 땅 위를 기어 다니는 모든 길짐승을 다스리게' 하도록 말이야. 그리고 하느님은 사람들에게 복을 내려 주면서 말했어. '자식을 낳고 번성하여 온 땅에 퍼져서 땅을 정복하여라.' 이렇듯 하느님의 의도는 인도적이고 선했어. 이슬람교의 경전인 『코란』에도 여기저기에 알라가 '정령 진니와 사람을 창조해 자신을 경배하도록 했다.'는 구절이 나와. 『코란』에 따르면, 이 우주는 최고신인 알라가 모든 별, 행성, 바다와 호수, 태양, 꽃과 나무, 산과 모든 살아 있는 존재들을 창조한 특별한 장소인데, 알라는 오로지 사람들이 창조주를 진정으로 잘 섬기고 감사하게 여기는지 시험해 보려고 만들었다는 거야. 알라가 얼마나 지혜로운지 사람들이 알 수 있도록. 그래서 사람이 이 지구에 살면서 마주치는 모든 사건과 사람들은 속세의 삶이라고 부르는 시련의 필수적인 부분이었어. 이 시련에서 사람은 자신의 행동에 책임을 져야 하는데, 반드시 알라가 명한 대로 행동

을 해야 해. 안 그러면 지옥에 떨어지니까."

키릴이 고개를 끄덕이며 말했어요.

"뭐, 좋아요. 좋은 신도 있고 나쁜 신도 있다는 말씀이시죠? 혼돈에서 태어난 신도 있고 알에서 태어난 신도 있고요. 그런데 그 혼돈은 어디서 나왔죠? 우주의 알은요? 빅뱅 이전에 있었다는 최초의 물질의 덩어리는요? 세상이 시작되기 '전에는' 도대체 뭐가 있었죠?"

사마일 교수님은 흡족한 표정으로 이옐을 바라보았어요.

"글쎄, 내가 뭐라고 했지, 이옐? 이 아이는 절대 바보가 아니라니까! 어른이라고 해서 다 이런 질문을 하는 건 아니란 말이야."

그러자 이옐은 호의적이고 진지한 표정으로 키릴을 바라보았어요. 하지만 아무 말도 하지 않았어요. 교수님은 안락의자에 편안하게 앉아 차를 한 잔 따르고는 다시 이야기를 시작했어요.

"키릴, 이 세상 그 어떤 민족도 네가 한 질문의 답을 찾지 못했어. 그런 질문을 한 사람도 별로 없었지. 인간의 의식은 모든 것에 반드시 시작과 끝이 있다고 생각하게 되어 있어. 이 세상도 그럴 거라고 생각하지. 동아시아에서는 이러한 사고의 덫을 피해 갈 수 있는 영리한 방법들을 생각해 냈어. 인도의 경전인 『베다』에는 시간

은 순환하며 '겁'으로 이루어져 있다고 나온단다. 겁은 불교에서 이야기하는 무한한 시간인데 인간계의 4억 3,200만 년을 1겁이라고 하지. 겁의 전반부에는 이 세상이 존재하고, 세상이 멸망하면 후반부가 도래한단다. 이렇게 겁이 끊임없이 순환하는 거야.

중국의 도교주의자들은 모든 존재의 근원이 '도(道)'라고 믿었어. 도는 만물이 발생한 이유이지. 심지어 중국 신들까지도 말이야. 그런데 정작 도는 신이 아니야. 도는 이 우주가 태어나기 전에 존재했던 현실이야. 도에서 모든 존재가 탄생했지. 이때 도는 자신의 기를 이끌어 내서 이 세상이 계속 존재하도록 해. 상승과 하강, 밀물과 썰물처럼 도의 상반된 에너지가 어떤 존재의 삶을 시작하게 해 주면 그 존재는 영원히 삶을 이어 간단다. 이 과정에서 도는 사람들이 특정한 방식으로 행동하도록 절대 강요하지 않아. 다만 방향을 일러 줄 뿐이야.

가장 영리한 대답은 불교에서 나왔어. 주황색 법의를 입은 불교 승려들은 이 세상이 영원히 존재한다고 믿어. 그들이 믿는 세상에는 시작도 끝도 없고 창조와 파괴도 없지. 그냥 존재할 뿐이야. 사람이며 동물이며 새며 곤충이며 영혼이며 신과 같은 살아 있는 존재는 모두 윤회의 법칙에 따라 삶에서 삶으로 옮겨 갈 뿐이야."

"그건 무슨 말인지 잘 알겠어요. 컴퓨터게임이랑 똑같네요. 게임에도 목숨이 여러 개 있거든요."

키릴이 재미있다는 듯 말했어요.

"그런 게 아니야. 물론 원리는 비슷하지만."

● 윤회의 법칙

이 법칙에 따르면 현세에서 사람의 위치는 과거의 행동과 상태로 결정돼요. 우리가 거두는 성공도 실패도 모두 우리 자신의 선하고 악한 생각과 행동의 결과일 뿐이죠.

그때 서재 문이 활짝 열리면서 한 줄기 바람과 함께 울리야나가 들어와서는 안락의자 등받이에 털썩 내려앉았어요.

"밀기울이 다 떨어졌어요! 진작부터 이야기했잖아요."

울리야나가 애처롭게 말했어요.

"뭐라고? 지하실에도 없어?"

"아무 데도 없어요. 지난주에 말씀드렸잖아요. 다 떨어져 간다고요. 그런데 지금 보니 다 떨어졌어요."

그러자 교수님이 고개를 저으며 말했어요.

"이런, 그것 참 큰일이군. 굶주린 유대인은 위험해. 투덜거리기 시작하겠군. 불평이 말할 수 없이 많아. 그 사람들은 하루에 밀기울 8톤을 배급 받는 데 익숙해져 있어. 어서 밀기울을 구해야겠어. 키릴, 이거 미안하게 되었구나. 우리가 지금 너무 급한 일이 생겨서 말이야. 우리 이야기는 저녁까지 미루도록 하자꾸나. 네 어머니가 지금 사과 파이를 굽기 시작했겠다."

"갑자기 우리 엄마는 왜요?"

키릴이 깜짝 놀라 말했어요.

"그러고 보니 네게 말하는 걸 깜박 잊었구나. 어제저녁에 숲에서 네 어머니와 우연하게 마주쳤단다. 그런데 정말 스키를 잘 타시더구나! 우리는 잠시 이야기를 나눴는데, 너와 알게 되었다고도 말씀드렸어. 친절하게도 오늘 저녁에 사과 파이를 먹으러 오라고 초대를 해 주신 거야. 그런데 어머님이 인류학자란 이야기를 왜 안 했니? 그러면 문제가 훨씬 간단해질 텐데."

"무슨 문제요? 교수님은 언제나 수수께끼처럼 말씀하세요?"

"약속하마. 저녁이 되면 다 알게 될 거야. 지금은 실례를 해야겠구나. 어서 가 봐야 하거든. 울리야나가 배웅해 줄 거야."

이 말을 끝으로 교수님은 재빨리 방을 나갔어요. 키릴은 급히 뒤따라 나갔지만 커다란 방에는 이미 아무도 없었어요.

● 꿈의 시간

오스트레일리아 원주민은 이 세상이 '알트지라(꿈의 시대)'에 창조되었다고 믿어요. 이 특별한 시대에 과거는 없어요. 영원한 현재만 존재할 뿐이죠. 꿈을 꾸거나 의식을 치러야만 이 시대에 들어갈 수 있어요. 바로 이 알트지라에 최초의 조상들이 잠을 잤는데, 잠에서 깨어 사람과 자연을 창조했어요. 이들의 행동은 지상에서 앞으로 일어날 모든 사건의 원형이 되었어요.

작전명 '후계자'
Операция «Преемник»

　　　　　　　마리나는 정말 부엌에서 잡지책에서 모은 요리법들을 뒤적이며 걱정스러운 표정을 짓고 있었어요. 마리나가 지난 몇 년 동안 모은 요리법은 이제 두꺼운 묶음으로 두 개나 돼요. 그 안에는 형형색색의 파이며 샐러드며 스프 사진이 잔뜩 들어 있죠.

　"이놈의 세계화가 다 무슨 소용이람. '불고기 소스를 곁들인 크로켓'도 있고, '코코넛 밀크를 넣은 오징어 요리'도 있고, '대추야자를 곁들인 양파 샐러드'에 '아보카도 스프'도 있는데, 만들고 싶은 건 하나도 없네. 이렇게 많은 요리법 중에 왜 평범한 사과 파이 요리법은 없는 거야"

　마리나가 곤란하다는 듯 말했어요.

　"엄마. 할머니의 요리법을 다 외우지 않으셨어요?"

　"안 구운 지 너무 오래되어서 이제는 다 잊었나 봐. 뭐, 괜찮아. 그럼 현대 기술을 활용해 볼까. 인터넷에서 요리법 좀 찾아 줄래?"

　15분 후, 키릴이 요리법을 찾았어요. 키릴은 의자에 무릎을 꿇고 팔꿈치를 식탁에 괸 채 마리나가 설탕과 노른자를 섞는 모습을 지켜보았어요.

　마리나가 흘러내린 앞머리를 뒤로 넘기면서 말했어요.

"그 사마일 게오르기예비치라는 분 정말 바쁘더라. 그런데 이름이 낯익어. 사마일이라……. 기억이 날 듯 말 듯 한데 통 안 난단 말이야. 너를 무척 칭찬하시더라. 넌 재주도 좋다. 어떻게 그런 분을 알게 되었니?"

"뭐, 어쩌다 보니……."

키릴은 손을 휘저으며 얼렁뚱땅 넘어갔어요. 너무 깊이 들어가면 곤란해지니까요. 마리나가 그런 키릴을 유심히 바라보았지만 아무 말도 하지 않았어요.

키릴은 위층 자기 방으로 올라가 컴퓨터게임을 시작했어요. 게임을 하다 보니 갑자기 잠이 쏟아졌어요.

눈을 떠 보니 주위가 어느새 깜깜했어요. 창문 밖에는 눈이 조용히 내리고 있었어요. 차곡차곡 쌓이는 눈송이들의 그림자가 천장에 비쳐 괴상한 아랍의 무늬처럼 보였어요. 시계를 보니 벌써 밤 9시 17분이었어요.

"이럴 수가! 다 놓쳤잖아. 교수님은 벌써 가셨을 거고, 무슨 문제인지 들을 기회를 놓쳐 버렸잖아."

정신이 번쩍 든 키릴은 침대에서 벌떡 일어나 1층으로 내려갔어요. 부엌문이 살짝 열려 있었어요. 마리나와 교수님이 벽난로 주위의 안락의자에 앉아서 차를 마시고 있었어요. 이옐은 벽난로 위의 장식용 선반에 앉아 있었어요 이옐 앞에 놓인 접시에는 먹다 남은 파이 반쪽이 있었어요.

"그건 말도 안 돼요, 존경하는 사마일 게오르기예비치."

엄마가 단호한 태도로 고개를 가로저었어요.

"고대 신화에 나오는 형상과 의식은 씨족이나 부족의 토지권이나 거주권을 금지하려고 만든 거라는 것쯤은 누구나 다 알고 있다고요. 어떤 지역을 세상의 중심이라고 선언해 버리면 그곳에 사는 부족은 그 지역 밖에 사는 사람들을 모두 '적'이라고 생각하는 거죠. 그리고 그 적이 사는 곳은 '세상의 끝'이 되고요. 21세기가 막 시작된 지금에 와서 그런 구닥다리 사상을 널리 알리려고 하시다니……. 제 아들과 그런 대화를 계속하게 둘 수 없어요. 아예 이 지구를 고래 세 마리가 떠받치고 있다고 하시지 그러세요."

마리나의 말을 들은 키릴은 지금 두 사람이 한창 논쟁을 하고 있다는 걸 깨달았어요.

"이 세상에는 정말로 그렇게 믿는 사람들도 있어요. 사실 이 고래들은 저의 가장 큰 골칫거리랍니다. 납득할 만한 이유가 있어도 고래들을 이쪽으로 데려올 수 없어요. 게다가 대양에서 고래를 밀렵하는 사람들이 설치고 있고요."

교수님이 힘없이 계속 말을 이었어요.

"고래보다 더 골칫거리인 건 거대한 거북이와 호주의 무지개 뱀밖에 없을 정도니까요. 그래서 제게는 나중에 후계자로 삼을 조수가 지금 필요합니다. 게다가 이건 감독위원회가 만족할 만한 유일한 해결책이기도 하죠."

"이야기가 너무 멀리 갔네요. 처음에는 제 아들이 지진과 쓰나미를 일으켰다고 하시더니 이번에는 그 아이의 머리에 온갖 헛소리를 집어넣도록 허락해 달라고 하시네요."

마리나가 화가 잔뜩 난 목소리로 말했어요.

교수님은 이옐과 눈짓을 주고받았어요.

"솔직히 말씀드리면 제 말을 순순히 믿어 주시리라고 기대도 하지 않았습니다. 당신은 인류학자니까요."

교수님이 기가 팍 죽은 목소리로 말했어요.

"네, 맞아요. 저는 인류학자이기 때문에 무화과나무가 쓰러지는 바람에 끔찍한 재앙이 일어났고 수만 명이 피해를 입었다는 교수님의 아무런 증거도 없는 말씀을 도저히 받아들일 수가 없는 겁니다! 도저히 믿을 수가 없어요!"

키릴이 보기에 엄마는 정말 화가 잔뜩 난 것 같았어요.

● 라그나뢰크 혹은 브라마의 밤

사람이든 동물이든 꽃이든, 모든 존재는 언젠가는 죽는다. 고대인은 이렇게 생각했어요. 따라서 이 세계에 주어진 시간도 끝을 향해 다가갈 것이라고 생각했죠. 그렇다면 세상의 종말은 과연 어떤 모습일까요. 이에 대해서는 다양한 주장이 있어요. 스칸디나비아 사람들은 시간의 종말이 다가오면 이 세계에 라그나뢰크가 찾아온다고 믿었어요. 신들과 무시무시한 악마들이 벌이는 최후의 전투인 라그나뢰크를 겪고 사람과 신은 멸망해요. 예언에 의하면, 멸망의 날에 늑대 펜리르가 태양을 집어삼켜 온 세상이 암흑이 되고, 대양 깊은 곳에 있던 거대한 뱀 이외르문간드(요르문

간드)가 솟아 나와 대지는 물에 잠겨요. 라프족은 이 세상의 운명을 마법의 사슴인 먄다쉬와 연결 지어 생각했어요. 사냥의 신인 아이케—티예르메스가 사슴을 죽이면 하늘에서 별들이 떨어지고 태양이 바다에 잠겨 결국 이 세상은 폐허가 되죠. 힌두교는 우주의 존재가 브라마의 생명과 직결되어 있다고 믿어요. 브라마가 깨어 있으면 인류는 존재할 수 있어요. 하지만 브라마에게 밤이 찾아와 잠이 들면 브라마가 잠에서 깰 때까지 우주는 존재하지 않아요.

교수님이 공손하게 고개를 끄덕이면서 화해하자는 듯 미소를 지었어요.

"하지만 어떤 점에서는 마리나 당신의 의견에 전적으로 동의합니다. 전적으로요."

교수님은 이렇게 말하며 계속 열심히 고개를 끄덕였죠.

"이 말도 믿지 않으시겠죠. 또다시 믿고 말고의 문제로 돌아왔군요! 솔직히 무화과나무 화분을 뒤엎었다고 해서 바로 재난이 일어난다는 것은 아닙니다. 이 세상을 신이 창조했다고 주장하지도 않아요. 이 문제에 대해서 오늘 키릴과 많은 이야기를 나누었죠. 하지만 전 절대적인 진리와 상대적인 진리가 있다는 것을 이해할 만큼 충분히 나이를 먹었어요. 중요한 건 너무 집착하지 않는 거죠. 마리나 씨는 지금 너무 흥분하신 것 같네요. 상대성이론을 인정하지 않는 사람이 있으면 당장 화형대로 보내 버리기라도 할 것처럼 말이죠."

"이젠 저를 종교재판관에 비교하시네요."

마리나가 인상을 찌푸렸어요.

"말이 나왔으니, 종교재판에는 당대 최고의 학자들이 참여했습니다."

"네, 그런데 그런 사람들이 아무 죄도 없는 수천 명과 조르다노 브루노 같은 미래가 밝은 과학자들을 화형에 처했죠!"

마리나가 또 화를 냈어요. 몹시 화가 났다고 얼굴에 써 있는 것 같았죠. 엄마의 성격을 잘 아는 키릴은 저러다가 교수님이 집에서 쫓겨나는 건 아닐까 걱정이 되기 시작했어요. 그래서 예의에 어긋난다는 걸 잘 알면서 엄마의 말을 뚝 잘랐어요.

"엄마, 저도 파이 한 조각 먹어도 돼요?"

마리나가 손을 저으며 말했어요.

"어머, 키릴! 미안하구나. 물론이지."

"이런, 키릴을 완전히 잊고 있었네요."

사마일 교수님은 키릴이 파이를 한 입 가득 베어 물고 허겁지겁 씹는 모습을 보며 웃음을 터뜨렸어요.

"이봐요, 마리나. 조르다노 브루노에 대해서 한번 생각해 봐요. 정말 배울 게 많은 이야기니까. 키릴, 넌 브루노가 누군지 알지?"

교수님이 갑자기 키릴을 보며 말했어요.

"천문학자였나요?"

"아냐. 전혀 관계가 없어. 브루노는 수도사였어. 조르다노 브루노는 1548년에 이탈리아에서 태어났어. 어머니는 농부였고 아버지는 용병이었지. 브루노는 어머니처럼 농사를 짓고 싶지도 않았고, 누군가의 머리를 베어도 아무런 처벌을 받지 않는 아버지처럼 되고 싶지도 않았지. 그래서 열다섯 살에 나폴리에 있는 도미니크회 수도원에 공부를 하러 떠났어. 당시 수도원은 교육의 중심지였거든. 어떤 곳에서는 아리스토텔레스, 플라톤, 피타고라스 같은 고대 철학자들의 연구 내용을 배울 수도 있었지. 총명한 학생이었던 브루노도 철학 공부를 했어. 그러다가 천문학자인 니콜라우스 코페르니쿠스의 「천구의 회전에 관하여」라는 논문을 접하게 된 거야. 그 논문에는 지구와 다른 행성들이 태양 주위를 돌고 있다고 나와 있었어. 얼마 후 브루노는 수도사가 되었어. 하지만 기도를 하는 시간보다 우주의 구조를 고민하고 과학을 연구하는 시간이 더 많았어.

1584년에 브루노는 런던에서 「무한한 우주와 무한한 세계에 관하여」라는 자신의 논문을 출판했어. 그는 이 논문에서 자신의 세계관의 기초를 이루는 내용들을 썼어. 또 이 논문에서 몇 가지 문제가 될 만한 여지가 있는 사상도 발표했어. '1. 지구는 공과 비슷한 형태를 하고 있다. 그래서 극지방은 납작하게 눌려 있다. 2. 태양도 자신의 축을 중심으로 돈다. 3. 지구는 시간이 갈수록 무게중심이 바뀐다. 4. 움직이지 않는 별이 바로 태양이다. 5. 이런 별들 주변에는 수없이 많은 행성들이 동그란 원이나 타원을 그리며 돌고 있다. 하지만 우리는 너무 멀리 떨어져 있어서 볼 수 없다. 6. 혜성은 단지 특별한 행성일 뿐이다. 7. 세상과 세상을 이루는 체계는 계속해서

바뀐다. 그러므로 시작과 끝이 있다. 영원한 것은 변하는 세상의 근원이 되는 창조 에너지뿐이다.'

8년 후 브루노는 이단이라는 죄목으로 체포되어 로마의 종교재판 감옥에 갇히게 되었어. 그리고 1600년 2월 17일 로마의 꽃의 광장에서 화형에 처해졌지."

"최신 기술도 없이 16세기 말에 그런 것까지 알았다니 정말 대단해요."

마리나가 고개를 절레절레 흔들며 말했어요.

"천재니까요!"

교수님은 마치 브루노가 자신의 아들이라도 되는 것처럼 자랑스럽게 말했어요. 하지만 키릴은 다른 문제를 고민하느라 정신이 없었어요.

"그런데 왜 코페르니쿠스를 화형에 처하지 않았죠? 브루노는 그 사람의 주장을 더 발전시켰을 뿐이잖아요."

그 말을 들은 사마일 교수님은 고개를 끄덕이며 말했어요.

"좋은 질문이구나. 거기에는 이런 사연이 있었어. 코페르니쿠스와 달리 브루노는 우주의 구조에 관한 사상을 발표하는 데서 그치지 않았어. 그 사람은 교회에서 진리라고 내세우는 공리들을 아예

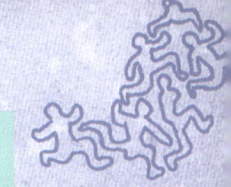

의심하기까지 한 거야. 당시에는 지금처럼 실험 자료들이 없었기 때문에 토론이든 논쟁이든 논리를 바탕으로 진행할 수밖에 없었어. 교회 철학자들은 브루노의 이론이 터무니없다고 했지. 하느님도 한 분이고 하느님의 아들도 한 분인데, 어떻게 수도 없이 많은 세상이 끝도 없이 있을 수 있냐는 거야. 하지만 브루노는 '자연은 신이 물질적으로 표현된 것이다.' 라고 선언했어. 그 말을 들은 가톨릭교회는 브루노가 자신이 이교도라고 인정했다고 여겼지.

그런데 당시 재판을 목격했던 사람들이 남긴 기록을 보면 판결을 무덤덤하게 받아들이는 브루노보다 종교재판의 재판관들이 자신들이 내린 판결에 더 충격을 받고 괴로워했다는 거야. 정말 흥미롭지 않니. 판결을 어떻게 내릴지에 관한 투표는 비밀리에 진행되었어. 아마 재판관들은 저마다 이렇게 생각했을 거야. 다른 재판관은 위대한 사상가에게 관용을 보이고 오로지 자신만 원칙을 지킬 것이라고 말이야.

마리나, 바로 이 부분에 우리 시대와의 차이점이 있는 겁니다. 이 세상에는 너무나 다양한 의견과 시각이 존재하지요. 그러므로 아무리 멍청하고 터무니없어 보여도 다른 사람의 의견이나 시각은 존중해야 합니다."

"당연하죠, 예를 들면 저는 파시즘이 멍청하고 터무니없어 보여요. 아니면 제 아들이 갑자기 지하철로 들어가 테러를 할 거라는 생각도 말도 안 된다고 여기죠. 어쨌든 교수님이 더 잘 아시겠죠. 전 조금 더 생각을 해 봐야겠어요. 그러고 나면 파시즘이 팽배했던 시절 유대인 수백만 명이 학살된 이유는, 히틀러가 자신이 역사 속에서 어떤 역할을 해야 하는지에 대해 아주 잘못 이해했기 때문이라는 의견에 동의할 수 있게 되겠죠."

마리나가 다시 흥분하기 시작했어요. 사마일 교수님은 손을 휘저으며 마리나를 진정시키려 했어요.

"흥분하지 마세요. 문명인이라면 도저히 받아들일 수 없는 행동과 시각도 있습니다. 테러리즘, 파시즘, 종교전쟁 같은 것들이죠. 저는 다만 판단을 내리기 전에 좀 더 신중해야 하고, 지금 알고 있는 지식이 전부가 아니라는 점을 명심해 달라고 부탁을 드리는 겁니다. 게다가 사랑이 아니라 공포에 젖어 저지른 일은 결코 선한 결과를 낳을 수 없으니까요."

"기억났어!"

갑자기 마리나가 소리를 질렀어요.

"왠지 교수님의 성함이 귀에 익다 싶었는데."

마리나는 벌떡 일어나서 책장으로 다가갔어요.

"가만 있자, 여기 있었던 것 같은데."

마리나는 온 정신을 집중하고 책등에 적힌 제목을 죽 읽어 나가

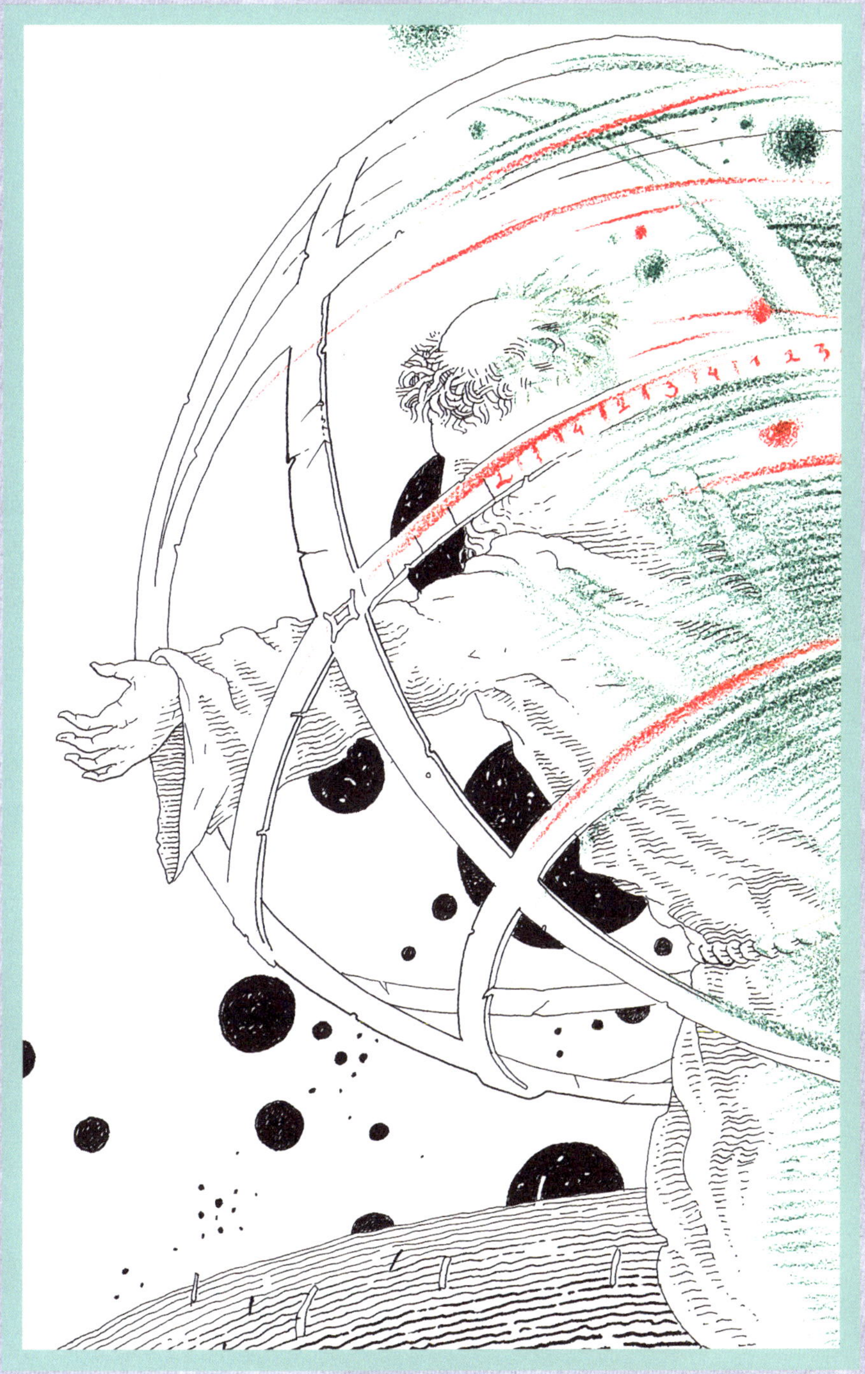

다가 마침내 한 권을 뽑아 펼쳤어요.

"어디 보자. 아, 여기 있구나. 대천사—말씀을 전하는 자. 하느님의 옥좌 앞에 서 있다. 음. 미카엘, 가브리엘, 라파엘, 우리엘이 일반적으로 알려진 대천사이다. 이외에도 사마일(카마엘), 라구엘과 바라키엘이라는 대천사가 있다. 세례요한의 요한계시록을 보면 바로 이 일곱 대천사가 하느님의 옥좌 앞에 서 있다."

마리나는 궁금하다는 표정으로 교수님을 빤히 바라보았어요. 그리고 다시 읽기 시작했어요.

"성화와 벽화에 그려진 대천사는 이런 모습을 하고 있다. 사람들을 벌하거나 격려해 주는 라구엘은 채찍과 왕관을 들고 있다. 과실의 성장과 풍요를 감독하는 바라키엘은 꽃다발을 들고 있다. 우주의 기도를 관리하는 사마일은 손은 가슴 위에 교차하고 눈은 내리뜬 채 관조하는 모습으로 표현된다."

갑자기 사마일 교수님이 말했어요.

"눈을 내리떴다니, 그 사람들이 조금 멋을 부려 적어 놓았나 봅니다. 당신 말이 옳다고 하죠! 어쨌든 학문적으로 준비를 철저히 한다는 건 대단한 일이죠! 솔직히 말해서 제 이름의 유래에 대해서 궁금해 한 사람은 130년 만에 당신이 처음입니다! 이런 건 기대도 안 했거든요."

"그럼 교수님이 대천사라는 말씀이세요? 그런데 이름에 어떻게 아빠의 이름을 딴 '게오르기예비치'가 들어가요? 천사는 아빠가 없잖아요?"

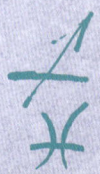

키릴이 끼어들었어요.

"그렇다면 나는 어떤 이름이어야 할까? 미하일로비치? 이바노비치? 페트로파블로비치?"

교수님은 싱글싱글 웃으며 말을 이었어요.

"자, 마리나. 저에 대해 이 정도로 아셨으니 제가 아드님을 훈련시키는 걸 허락하시겠습니까?"

마리나는 할 말을 잃은 채 책장 옆에 가만히 서 있었어요.

"이거 다 농담이시죠?"

"아니에요. 다 사실입니다. 제가 하는 일은 기도를 관리하고 질서가 유지되도록 하는 거예요. 아드님을 지켜보는 거에 이미 한 번 실패하긴 했지만요. 어쨌든 감독위원회는 첫째, 저에게 조수가 필요하고 둘째, 망가진 이 세상의 균형을 회복하려면 그 원인인 키릴이 도와야 한다고 결정을 내렸습니다. 마리나, 걱정하지 마세요! 전부 가르쳐 줄 겁니다. 나무와 꽃을 돌보는 것부터 시작할 거예요. 그 다음 점점 어려운 걸 배울 겁니다."

키릴이 신이 나서 교수님을 바라보며 물었어요.

"그럼 매일 교수님 집에 가도 돼요? 다시 모스크바로 돌아가면 저는 어떻게 해야 하죠? 이제 매일 학교에 갈 필요는 없어요?"

"지금 꿈꾸고 있는 건가? 누구 나 좀 꼬집어 봐요."

마리나의 말에 교수님이 싱글거리며 말했어요.

"무슨 말씀을. 그 반대지요. 이렇게 생각하셔야 해요. 지금 방금 잠에서 깨어난 거라고. 장담하건대, 마리나와 키릴의 인생은 이제

부터 완전히 바뀔 겁니다. 우리의 도움을 받으면 인류학자로서 얼마나 많은 발견을 할 수 있을지 한번 생각해 보세요."

교수님은 고개를 돌려 이옐을 바라보았어요. 그러자 이옐이 교수님 말이 옳다는 듯 까악까악 울었어요.

"이제 어머님과 모든 문제에 대해서 이야기를 잘 마쳤으니 더 이상 방해가 안 되도록 이만 가 보겠습니다. 키릴, 내일 아침 10시에 보자."

말을 마친 교수님은 자리에서 일어나 밖으로 나갔어요. 키릴이 바로 따라갔지만 현관엔 아무도 없었어요. 재빨리 현관문을 연 키릴은 깜짝 놀랐어요. 차양 아래에 새로 쌓인 눈밭 위에는 사람의 발자국은커녕 아무런 흔적도 남아 있지 않았거든요. 바로 그때였어요. 언덕 위의 집의 붉은 굴뚝에서 연기가 모락모락 피어올랐어요. 그리고 어딘가에서 의기양양한 까마귀 울음소리가 크게 울려 퍼졌어요.

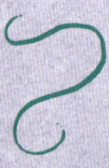